Mia Führer

MODE aus LEINEN

15 luftig-leichte Outfits einfach selbst genäht

Leinen: Die beste Wahl für heiße Tage!

Liebe Leserin,

seit einigen Jahren ist reines Leinen in der Modewelt wieder stark im Kommen, da verstärkt Wert auf ökologisch nachhaltige Naturfasern gelegt wird!

Leinen ist eine Faser, die aus den Stängeln der Flachspflanze hergestellt wird. Sie ist von Natur aus gegen Schädlinge resistent, daher kann schon beim Anbau auf Pestizide verzichtet werden! Hinzu kommen noch die wertvollen Trageeigenschaften: Leinen fühlt sich angenehm kühl an, ist robust, langlebig, atmungsaktiv, für Allergiker geeignet und biologisch abbaubar. Die angenehm weiche Naturfaser ist leicht, frisch und strahlt eine wunderschöne Natürlichkeit aus! Das Tolle ist, alle Materialien können Sie selbst waschen.

Wir haben für Sie wundervolle Modelle entworfen, die sich durch pfiffige Details von herkömmlicher Leinenmode absetzen. Vernäht haben wir nicht nur reines Leinen, sondern auch Leinen/Baumwoll-Mischgewebe. Falls Sie die Modelle mit den Originalstoffen nähen möchten, finden Sie Angaben dazu im Impressum.

Damit auch für jede Frau etwas dabei ist, haben wir Röcke, Kleider, Hosen und Oberteile geschneidert. Sehen Sie selbst die Vielfältigkeit der Modelle.

Der Sommer kann kommen!

the Best is yet to come

Inhalt

Schwierigkeitsgrade:

✂ = einfach
✂✂ = mittel
✂✂✂ = anspruchsvoll

Verarbeitungshinweise

GRUNDAUSSTATTUNG

Folgende Dinge werden generell benötigt und sind in den Anleitungen nicht noch einmal gesondert aufgeführt:

- Nähmaschine
- Farblich passendes Nähgarn
- Maßband und Lineal
- Schnittmusterpapier und Stift/Kopierrädchen
- Schneiderkreide, Markierstifte
- Schneiderschere und kleine Handarbeitsschere
- Steck-, Näh- und Sicherheitsnadeln
- Bügeleisen und Bügeltuch
- Wende-Set für Stoffschläuche, z. B. von Prym

SO NEHMEN SIE MASS

Um die richtige Größe für Ihr Modell zu ermitteln, ist genaues Maßnehmen erforderlich.
Vergleichen Sie Ihre Maße mit den Angaben in der Maßtabelle und mogeln sie nicht, denn die richtige Größe ist wichtig, um späteres Abändern zu vermeiden.
Messen Sie NICHT den Schnitt aus, denn dieser enthält bereits die erforderlichen Weiten-Zugaben. Die Schnitte beinhalten **keine** Nahtzugabe!

1 **Oberweite:** über der stärksten Stelle der Brust
2 **Taillenweite:** locker um die Taille
3 **Hüftweite:** über die stärkste Stelle am Po
4 **Brusttiefe:** von der höchsten Stelle der Schulter am Halsansatz bis zur Brustspitze
5 **Vordere Taillenlänge:** von der höchsten Stelle der Schulter, über den Brustpunkt zur Taille
6 **Rückenlänge:** vom unteren Halswirbel bis zur Taille
7 **Schulterbreite:** vom Halsansatz bis Anfang Armkugel
8 **Halsweite:** am Halsansatz einmal herum messen
9 **Ärmellänge:** von Armkugel, über den Ellenbogen zum Handgelenk (Handansatz)
10 **Oberarmweite:** über die stärkste Stelle des Oberarms
11 **Körpergröße:** vom Scheitel bis zur Sohle
12 **Rocklänge:** von Taille gemessen
13 **Seitenlänge:** von Taille bis Fußsohle
14 **Schrittlänge:** auf der Beininnenseite von Schritt bis Fußsohle

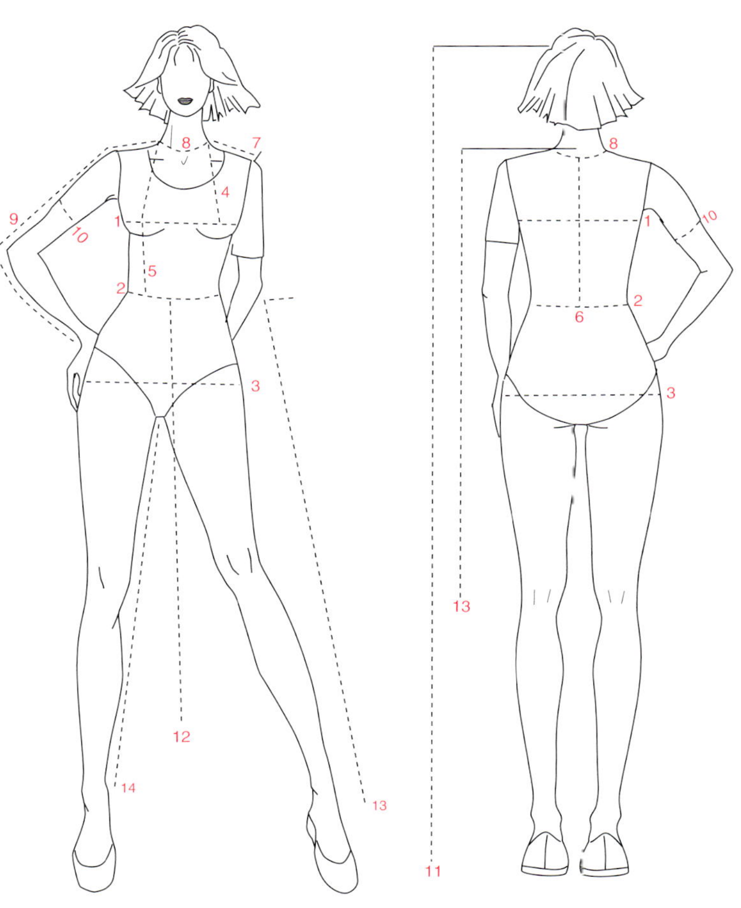

MASSTABELLE Damen-Körpergröße 168 cm

Größe	34/36	38/40	42/44	46/48
Oberweite	84,0	92,0	100,0	110,0
Taillenweite	66,0	74,0	82,0	92,0
Hüftweite	90,0	98,0	106,0	116,0
Vord. Taillenlänge	43,5	45,5	47,5	49,5
Brusttiefe	26,0	28,0	30,0	32,0
Rückenlänge	40,5	41,5	42,5	43,5
Schulterbreite	12,0	13,0	13,5	14,0
Halsweite	35,0	37,0	39,0	41,0
Ärmellänge	60,0	60,0	61,0	61,0
Oberarmweite	27,0	29,0	31,0	34,0

Alle Angaben in cm

Vergleichen Sie Ihre Maße mit den Maßen aus der Tabelle. Dann wählen Sie die Größe, die Ihren Maßen am nächsten kommt. Nehmen Sie dafür immer das größere Maß, denn verkleinern und enger machen geht einfacher als erweitern!
Es ist durchaus möglich, dass Ihre gewohnte Konfektionsgröße nicht mit der aus unserer Tabelle übereinstimmt. Das liegt daran, dass Konfektionäre mit unterschiedlichen Weitenzugaben arbeiten. Also kann manchmal eine Größe 38 gut passen und bei einem anderen Hersteller brauchen Sie vielleicht die Größe 40 oder 42. Deshalb verlassen Sie sich nicht auf Ihre Konfektionsgröße, sondern gehen Sie nur nach der Maßtabelle.

SO FINDEN SIE IHR MODELL AUF DEM SCHNITTBOGEN

Bei der Modellanleitung finden Sie folgende Angaben:
Bogenbezeichnung A, B, C oder D, die Schnitt-Teilenummern und die Konturlinien für Ihre Größe.
Die Schnittbögen weisen am oberen und unteren Rand die Schnitt-Teilenummern in den Farben schwarz oder grau auf. Gehen Sie von diesen Nummern mit dem Zeigefinger senkrecht nach unten bzw. oben, bis Sie auf die gleiche fettgedruckte Schnittteilnummer stoßen.
Wählen Sie Ihre Konturlinie anhand der ermittelten Größe aus und kopieren Sie das entsprechende Schnittteil.

SO KOPIEREN SIE DEN SCHNITT VOM SCHNITTBOGEN

Schnittkonturen der Teile, die Sie vom Bogen abnehmen, können mit einem Stift (Filzstift) markiert werden. Nun können Sie den Schnitt durchpausen oder herauskopieren. Zum Durchpausen benötigen Sie Seidenpapier. Dies legen Sie **auf** den Schnittbogen und zeichnen die von Ihnen markierten Teile ab. Beim Durchradeln (mit dem Kopierrädchen) legen Sie Papier **unter** den Schnittbogen und radeln Außenkonturen und markierte Linien durch. Arbeiten Sie hier sehr sorgfältig, damit Sie exakte Schnitt-Teile erhalten.

ABKÜRZUNGEN

vord. = vordere/-s/-en
rückw. = rückwärtige/-s/-en
Gr. = Größe
angeschn. = angeschnittener
RV = Reißverschluss

SO SCHNEIDEN SIE ZU

Die gezeigten Zuschneidepläne beziehen sich auf den Originalstoff. Sollten Sie abweichend davon Stoff mit einer anderen Stoffbreite wählen, verändert sich natürlich Stoffverbrauch und Zuschnitt. Die Stoffmengen für die Gr. 34/36, 38/40, 42/44 und 46/48 stehen in Reihenfolge hintereinander. Steht nur eine Angabe, gilt diese für alle Größen!
Die Teile sind in doppelter Stofflage zugeschnitten. Das heißt, die rechte Stoffseite liegt innen. Falls der Stoff offen zugeschnitten wird, ist es am Zuschneideplan zu erkennen.
Schnitt-Teile, die mit a/ b/ c usw. bezeichnet sind, werden vermaßt angegeben.
Alle Schnittteile plus Naht- und Saumzugabe zuschneiden, Ausnahmen sind angegeben!
Die Schnitte beinhalten keine Nahtzugabe!

Tipp: Um sicherzugehen, dass Ihr Modell bei der ersten Wäsche nicht einläuft, empfehlen wir sämtliche Stoffe vor dem Zuschnitt zu waschen! Den Stoff trocknen lassen und dann sorgfältig glatt bügeln.

SO NÄHEN SIE

Die Nähanleitung gibt die Arbeitsschritte an, die Sie nacheinander ausführen.

Lässig gekrempelt!

Modell 1 – Hose im Blumenprint

Größe 34/36, 38/40, 42/44, 46/48 | **Schwierigkeitsgrad** ✂✂✂ | **Seitenlänge** 106/ 107/ 108/ 109 cm

MATERIAL

- Reines Leinen bedruckt (130 cm breit), 1,80/ 1,95/ 2,00/ 2,10 m
- aufbügelbare Einlage (90 cm breit), 0,30 m
- Reißverschluss, 12 cm lang
- Knöpfe, 14 mm Ø, 2 Stück

Schnittteile 9 + 9a, 10 + 10a, 11 – 13 auf Bogen A in Grau

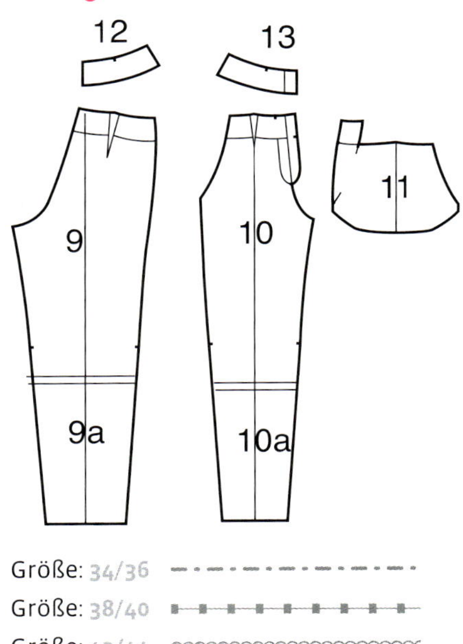

Größe: 34/36
Größe: 38/40
Größe: 42/44
Größe: 46/48

Zuschneidepläne

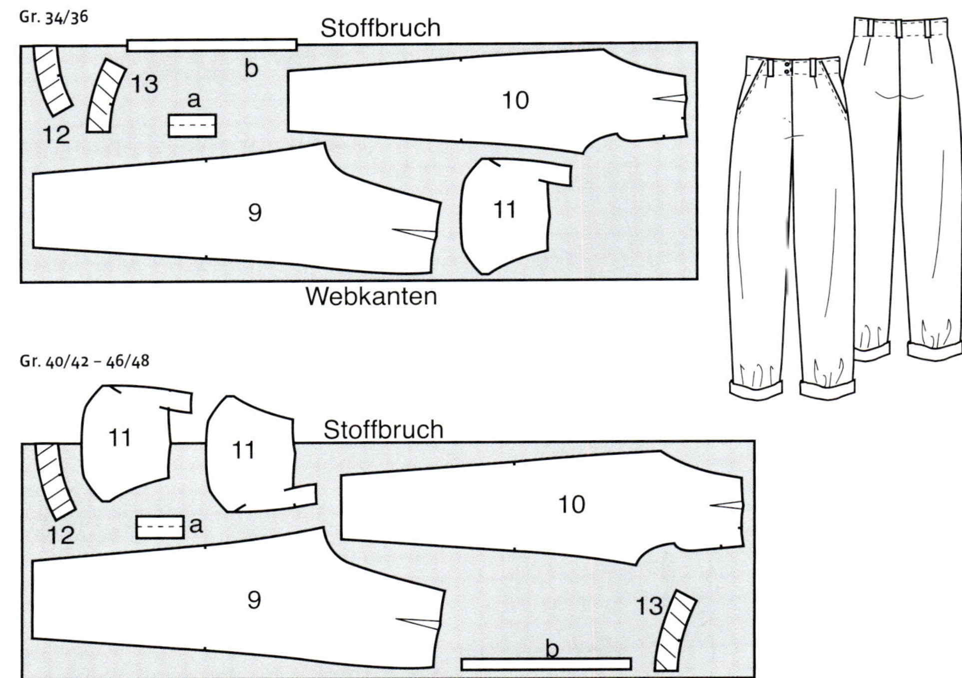

Schnittvorbereitung

Die Schnittteile 9 + 9a, sowie 10 + 10a an den entsprechenden Zusammensetzlinien aneinanderkleben.

Zuschnitt

- 9 rückw. Hosenteil = 2 x Stoff
- 10 vord. Hosenteil = 2 x Stoff
- 11 Hüftteil mit Taschenbeutel = 2 x Stoff Achtung: für Gr. 40/42 – 46/48 gegengleich zuschneiden!
- 12 rückw. Besatz = 1 x im Stoffbruch, 1 x Einlage
- 13 vord. Besatz = 2 x Stoff, 2 x Einlage
- a Untertritt für Reißverschluss = 1 x Stoff, 12,5 cm lang, 6 cm breit (3 fertig)
- b Streifen für 5 Gürtelschlaufen = 1 x Stoff, 45 cm lang, 3 cm breit (incl. Nahtzugaben)

Säume mit 3 cm Zugabe zuschneiden, an allen übrigen Kanten 1 cm Nahtzugabe hinzufügen.

SO GEHT'S

1 Die Schrittkanten der vord. und rückw. Hosenteile jeweils versäubern. Die rückw. und vord. Abnäher spitz auslaufend steppen. Abnäher jeweils zur Schrittnaht gerichtet bügeln.

2 Taschen: Am Vorderteil einen 2 cm breiten Einlagestreifen auf die Unterseite des Tascheneingriffs bügeln. Das Hüftpassenteil mit Taschenbeutel rechts auf rechts auf den Tascheneingriff legen und die Naht steppen. Nahtzugaben zurückschneiden und auf dem Taschenbeutel knappkantig absteppen – die Nahtzugaben liegen darunter. Taschenbeutel nach innen legen, die Kante bügeln und 0,5 cm breit absteppen. An der Umbruchkante das Hüftpassenteil rechts auf rechts bügeln – es bildet sich der Taschenbeutel. Die unteren Kanten des Taschenbeutels aufeinandersteppen und die Nahtkanten versäubern. Den Taschenbeutel von der oberen Kante 7 cm nach unten gemessen an der Eingriffskante mit 0,5 cm Breite auf das Vorderteil steppen. Den Taschenbeutel an der Seitennaht und oben in der Taille ansteppen.

3 Reißverschluss: Die Vorderteile rechts auf rechts legen und die Schrittnaht ab der Reißverschlussmarkierung steppen. Naht auseinanderbügeln, dabei die Nahtzugaben dehnen. An der rechten vord. Mitte den angeschnittenen Besatz nach innen bügeln und einen Einlagestreifen in der Breite des Besatzes aufbügeln. An der linken vord. Mitte 1 cm vorbügeln für den Untertritt. Reißverschluss öffnen und an der linken Seite unter die vorgebügelte Kante stecken. Die RV-Zähnchen stehen vor.

Mit einem einseitigen Steppfuß knappkantig ansteppen. RV wieder schließen und die vorderen Mitten aufeinanderstecken. Das Vorderteil umdrehen und das RV-Bändchen an den Besatz der rechten Seite steppen. Nur auf den Besatz steppen, das Vorderteil nicht mitfassen! Dann von rechts den RV, wie im Schnitt markiert absteppen. Den RV-Untertritt längskantig rechts auf rechts legen und eine Schmalkante steppen. Untertritt auf rechts wenden und bügeln. Die offenen Kanten zusammengefasst versäubern. Den Untertritt rechts auf rechts an die linke vord. Mitte stecken, sodass die verstürzte Kante unten liegt. In der ersten Naht steppen, das RV-Bändchen zwischenfassen.

4 Für die Gürtelschlaufen den Streifen b längskantig an jeder Seite 0,5 cm nach innen bügeln. Die Bruchkanten aufeinanderlegen und knappkantig absteppen. Die andere Kante ebenfalls absteppen. Den Streifen glatt bügeln und in fünf Teile je 8 cm lang schneiden. Gürtelschlaufen links auf rechts an die vord. und rückw. Hosenkante stecken und anheften: vorn an jeder Seite auf Höhe des Abnähers, hinten jeweils 1 cm neben dem Abnäher zur Seite gemessen sowie auf der rückw. Mitte.

5 Je ein vord. und ein rückw. Hosenteil rechts auf rechts aufeinanderlegen und die Seitennähte steppen. Nahtzugaben jeweils zusammengefasst versäubern und nach hinten gerichtet bügeln. Saumkanten versäubern, nach links bügeln und 1 cm einbügeln. Die inneren Hosenbeinnähte rechts auf rechts steppen, dabei die Säume wieder nach außen klappen. Nahtzugaben jeweils zusammengefasst versäubern und nach hinten bügeln. Säume wieder einlegen und steppen. Das eine Hosenbein rechts auf rechts in das andere Hosenbein stecken und die rückw. Schrittnaht steppen. Nahtzugaben auseinanderbügeln.

6 Die Besätze mit Einlage bebügeln, dann am rechten vord. Besatz 2,5 cm an der vord. Kante abschneiden. Die Besätze rechts auf rechts legen und die Seitennähte steppen. Nahtzugaben auseinanderbügeln. Die untere Besatzkante versäubern. An der rechten vord. Mitte die Kante des Besatzes rechts auf rechts an die Kante des angeschn. Besatzes legen und steppen. Nahtzugaben zum Besatz gerichtet bügeln. An der linken vord. Mitte den Besatz rechts auf rechts ansteppen, dabei den Untertritt mitfassen. Jetzt den ganzen Besatz nach außen legen und rechts auf rechts auf die Hose stecken. Die gesamte obere Kante steppen, dabei die Gürtelschlaufen mitfassen. Den Besatz nach innen wenden und die Kante flach bügeln. Die obere Kante knappkantig absteppen. Den Besatz von rechts anstecken und den Reißverschlussbesatz an der rechten Seite feststecken. Nun die oberen Hosenkante 6 cm breit von rechts absteppen, dabei die Gürtelschlaufen eingeschlagen mitfassen; am Reißverschluss-Schlitz 2,5 cm breit gleich mit absteppen.

7 Die Knopflöcher an der rechten Seite, wie im Schnitt eingezeichnet einarbeiten und links die Knöpfe annähen. Die Hosenbeine nach Belieben hochkrempeln.

Sportlich in Leinenoptik

Modell 2 – Kimono-Kleid mit Tunnelzug

Größe 34/36, 38/40, 42/44, 46/48 | **Schwierigkeitsgrad** ✂✂✂ | **Rückenlänge** 113/ 114/ 115/ 116 cm

MATERIAL

- Leinen/Viskose-Mischgewebe uni gelb (130 cm breit), 2,15/ 2,45/ 2,85/ 2,85 m
- Metallösen, 8 mm Ø, 2 Stück
- etwas aufbügelbare Einlage für die Ösenverstärkung

Schnittteile 1 + 1a, 2 + 2a, 3, 4 auf Bogen A in Schwarz

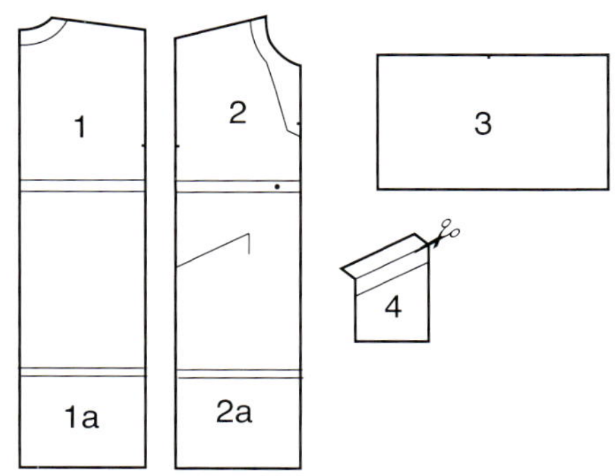

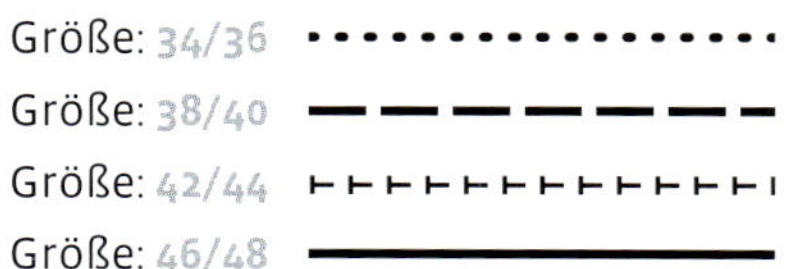

Schnittvorbereitung

Die Schnittteile 1 + 1a, sowie 2 + 2a an den entsprechenden Zusammensetzlinien aneinanderkleben. Die Besätze von Vorder- und Rückenteil auf die entsprechenden Größen übertragen und als extra Teil kopieren. Die Taschenblende von der Tasche abschneiden.

Zuschnitt

- 1 Rückenteil = 1 x im Stoffbruch
- 1 rückw. Besatz = 1 x im Stoffbruch
- 2 Vorderteil = 2 x Stoff
- 2 vord. Besatz = 2 x Stoff
- 3 Ärmel = 2 x Stoff
- 4 Tasche = 2 x Stoff
- 4 Taschenblende = 2 x Stoff im Fadenlauf zuschneiden!
- a Tunnelstreifen = 2 x Stoff, 58,75/ 63/ 67/ 71,25 cm lang, 3 cm breit
- b Tunnelband = 2 x Stoff, 97 cm lang, 4 cm breit (incl. Nahtzugaben)

Zuschneidepläne

Gr. 34/36

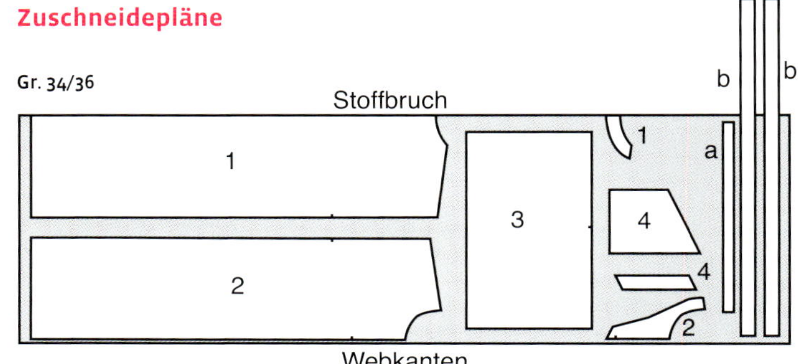

Gr. 38/40

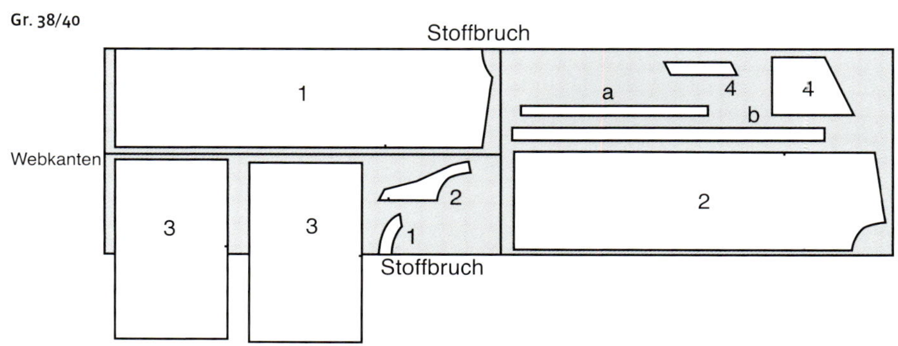

Gr. 42/44 – 46/48

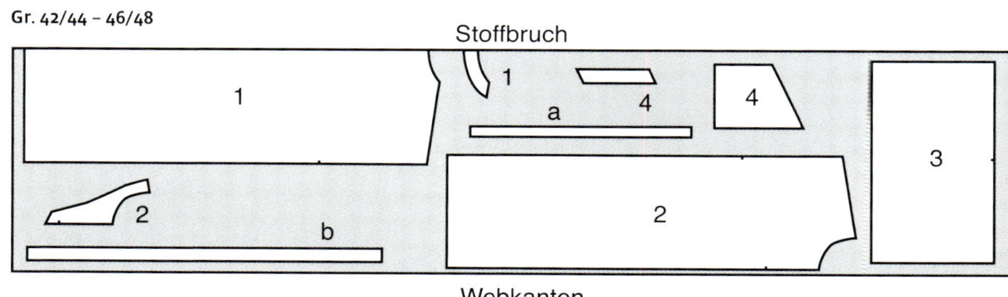

Säume mit 4 cm Zugabe zuschneiden, an allen übrigen Kanten 1 cm Nahtzugabe hinzufügen.

Achtung: Bei Gr. 38/40 die Ärmel gegengleich zuschneiden!

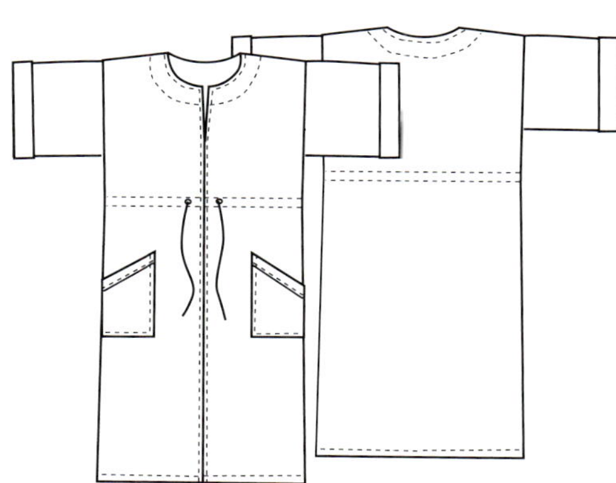

SO GEHT'S

1 Die Platzierung der Ösen am Vorderteil auf der Stoffoberseite markieren. Auf die Unterseite jeweils ein kleines Stück Vlieseline aufbügeln, dann noch ein Stück Stoff zur Absicherung unterlegen und die Ösen nach Anleitung einarbeiten. Wie im Schnitt eingezeichnet die Tunnelposition auf die Teile mit einem Heftstich übertragen.

2 Taschen: Die Blendenstreifen jeweils an der unteren Kante 1 cm nach innen bügeln. Dann rechts auf links auf die Tasche legen, die obere Kante und die lange schräge Ecke steppen. Die Nahtzugaben an den Ecken schräg abschneiden, Blende nach außen wenden und die obere Kante bügeln. Die Blende knappkantig aufsteppen. Die vordere Taschenkante und die untere Kante nach innen bügeln. Die Taschen zeichengemäß auf die Vorderteile stecken und rundherum knappkantig aufsteppen. Am Tascheneingriff an der vorderen Ecke zur Nahtverstärkung ein kleines Dreieck in Nahtzugabenbreite steppen.

3 Die Nahtkanten der Vorderteile und des Rückenteils versäubern. Vorderteile rechts auf rechts stecken und bis zur Schlitzmarkierung steppen. Die Nähte auseinanderbügeln.

4 **Halsausschnitt und Schlitz:** Vorder- und Rückenteil rechts auf rechts legen und die Schulternähte steppen. Nähte auseinanderbügeln. Die Schulternähte und die vordere Mittelnaht der Besätze steppen, auseinanderbügeln und die Besatzkante versäubern. Besatz rechts auf rechts auf das Kleid legen und den Halsausschnitt steppen. Den vorderen Schlitz gleich mit steppen. Die Nahtzugaben knapp verschneiden, an den Ecken schräg abschneiden. Den Besatz nach innen wenden und die Kante gut bügeln. Die Halsrundung dabei nicht ausdehnen. Jetzt den Halsausschnitt und die Schlitzkanten steppfußbreit absteppen. Die vordere Mitte, jeweils neben der Naht steppfußbreit absteppen. Den Besatz glatt anstecken oder heften und dann noch einmal in Besatzbreite aufsteppen.

5 Vorder- und Rückenteil rechts auf rechts legen und die Seitennähte bis zur Ärmeleinsatzmarkierung steppen, dabei die Taschen mitfassen. Nahtkanten jeweils auseinanderbügeln. Den Saum nach innen bügeln, 1 cm einschlagen und ansteppen.

6 **Tunnel:** Den Tunnelstreifen a an den Längskanten versäubern, rechts auf rechts legen und die Quernaht steppen. Naht auseinanderbügeln. Tunnelstreifen innen auf die markierten Linien stecken und jeweils mit 1 cm Breite aufsteppen, sodass der Tunnel fertig 3 cm breit ist.

7 **Ärmel:** Die Nahtkanten der Ärmel versäubern. Ärmel jeweils rechts auf rechts legen und die Nähte steppen. An der Ärmeleinsatznaht nicht ganz bis zum Ende durchsteppen sondern nur bis zur Nahtzugabe steppen und hier verriegeln. Nahtkanten auseinanderbügeln. Den Saum nach außen umschlagen, dann noch einmal nach außen legen und einen 5 cm breiten Umschlag bilden Mit ein paar Handstichen unsichtbar annähen. Die Ärmel zeichengemäß rechts auf rechts in die Armausschnitte stecken. Auch hier wieder nur bis zur Nahtzugabe steppen und die Nahtkanten zum Kleid gerichtet bügeln.

8 **Tunnelband:** Die Tunnelbandstreifen jeweils rechts auf rechts zusammensetzen, Nahtkanten auseinanderbügeln. An jeder Längskante 1 cm breit nach innen bügeln, dann die Bruchkanten aufeinanderlegen und knappkantig steppen. Das Tunnelband glatt bügeln und mit einer kleinen Sicherheitsnadel durch die Ösen in den Tunnel ziehen. Das Band an den Enden verknoten.

Macht eine gute Figur!

Modell 3 – Kleid mit hoher Taille und Falten

Größe 34/36, 38/40, 42/44, 46/48 | **Schwierigkeitsgrad** ✂✂✂ | **Kleidlänge** 90,5/ 91,5/ 92,5/ 93,5 cm

MATERIAL

- Leinen/Baumwoll-Mischgewebe bedruckt (140 cm breit), 2,00/ 2,00/ 2,05/ 2,05 m
- Reißverschluss, nahtverdeckt, 55 cm lang
- aufbügelbares Nahtband, 1 cm breit
- aufbügelbare Einlage (90 cm breit), 25 cm

Schnittteile 1 – 4 auf Bogen B in Grau

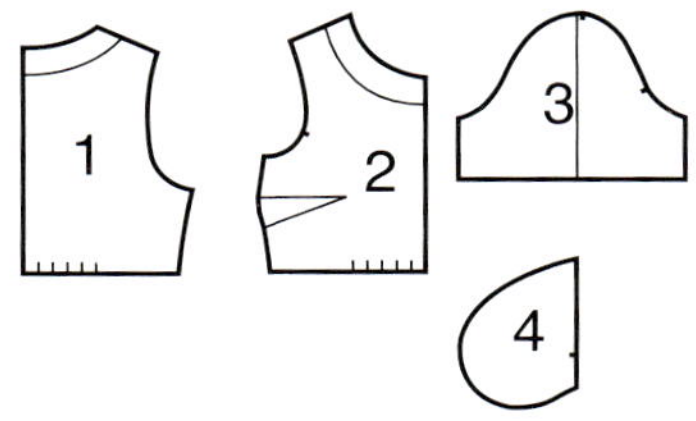

Größe: 34/36 ·················

Größe: 38/40 — — — — — — —

Größe: 42/44 ⊢⊢⊢⊢⊢⊢⊢⊢⊢⊢⊢⊢

Größe: 46/48 ————————

Schnittvorbereitung

Die Besätze von Vorder- und Rückenteil auf die entsprechenden Größen übertragen und als extra Schnittteile herauskopieren.

Zuschnitt

- 1 Rückenteil = 2 x Stoff
- 1 rückw. Besatz = 2 x Stoff, 2 x Einlage
- 2 Vorderteil = 1 x im Stoffbruch
- 2 vord. Besatz = 1 x im Stoffbruch, 1 x Einlage
- 3 Ärmel = 2 x Stoff
- 4 Taschenbeutel = 4 x Stoff
- a rückw. Rockteil = 2 x Stoff, 48/ 50/ 53/ 55 cm breit, 58 cm lang
- b vord. Rockteil = 1 x im Stoffbruch, 48/ 50/ 52/ 55 cm breit, 58 cm lang

Säume mit 3 cm Zugabe zuschneiden, an allen übrigen Kanten 1 cm Nahtzugabe hinzufügen.

Achtung: Für Gr. 42/44 + 46/48 die rückw. Besätze gegengleich zuschneiden!

Zuschneidepläne

Gr. 34/36 + 38/40

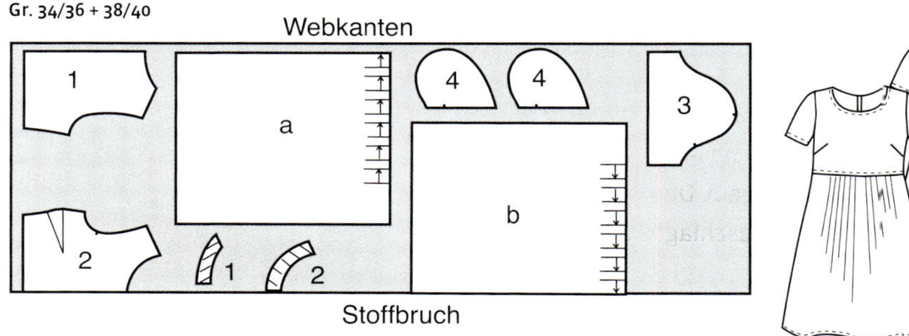

Gr. 42/44 + 46/48

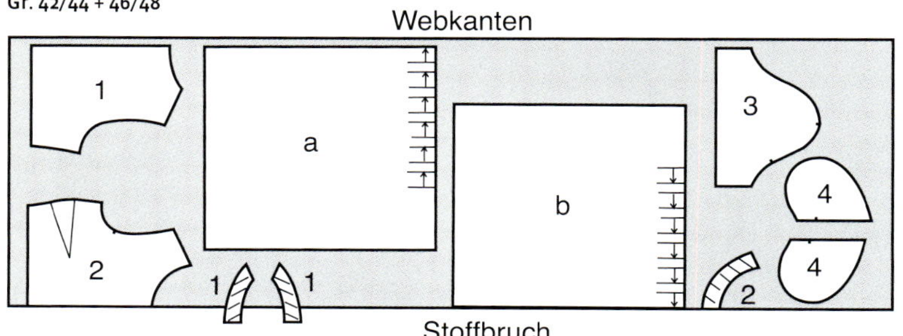

SO GEHT'S

1 Vord. Abnäher spitz auslaufend steppen und nach oben gerichtet bügeln. Sämtliche Nahtkanten versäubern, bis auf die Armausschnitte, die Ärmelkugel und die Taillenkanten.

2 Am vord. Rockteil und an den rückw. Rockteilen die Falten jeweils 4 cm tief in Richtung Mitte, wie an den Oberteilen markiert, einlegen und feststecken. Dann die Falten mit einem großen Steppstich innerhalb der Nahtzugabe anheften und die Nadeln herausnehmen. Rockteile rechts auf rechts an die Oberteile steppen, Nahtkanten zusammengefasst versäubern und nach oben gerichtet bügeln. Die Naht von rechts 0,7 cm breit absteppen.

3 Reißverschluss: Die rückw. Mitte, rechts auf rechts vom unteren Rand aus nach oben 35 cm weit schließen. Reißverschluss mit einem Spezialfuß bis zur Markierung einnähen. Restliche Naht schließen und die Nahtzugaben auseinanderbügeln.

4 Das Rückenteil rechts auf rechts auf das Vorderteil legen und die Schulternähte steppen. Nahtzugaben auseinanderbügeln. Besätze mit Einlage bebügeln. Schulternähte des Besatzes steppen und bügeln. Am Besatz die Außenkante versäubern. Nahtband auf den Halsausschnitt bügeln. Achtung! Diesen dabei nicht ausdehnen.

5 Besatz rechts auf rechts an den Halsausschnitt legen und stecken. Die Naht steppen, Nahtzugaben knapp verschneiden und auf dem Besatz – die Nahtzugaben liegen darunter – knappkantig steppen. Den Besatz nach innen legen und die Kante bügeln. Den Besatz am Reißverschluss eingeschlagen annähen. Den Halsausschnitt von rechts 0,5 cm breit absteppen.

6 Taschen: Seitennähte rechts auf rechts steppen, dabei müssen die Taillennähte aufeinandertreffen; für den Tascheneingriff von der Taillennaht nach unten 10 cm messen und die folgenden 14 cm offen lassen. Die Nahtzugaben auseinanderbügeln. Die versäuberten Taschenbeutel jeweils an der Öffnung an die rückw. und die vord. Seitennaht steppen. Den vord. Taschenbeutel genau am Tascheneingriff nach innen bügeln. Die Beutel aufeinandersteppen.

7 Rock-Saumkante nach innen bügeln, Schnittkante 1 cm einschlagen und ansteppen.

8 Den Saum der Ärmel nach innen bügeln, Schnittkante 1 cm einschlagen und bügeln. Ärmellängskanten jeweils rechts auf rechts legen und die Nähte steppen, dabei die Säume wieder auffalten. Nahtzugaben auseinanderbügeln. Den Saum nachbügeln und ansteppen.

9 Die Ärmel mit der Armkugel zeichengemäß rechts auf rechts in die Armausschnitte stecken, dabei die Mehrweite der Armkugel einhalten. Nahtkanten zusammengefasst versäubern und die Armkugel gut bügeln.

the
Best
is yet
to come

„Ein schöner Rücken ..."

Modell 4 – Kleid mit Rückenausschnitt

Größe 34/36, 38/40, 42/44, 46/48 | **Schwierigkeitsgrad** ✂✂✂ | **Kleidlänge** 99/ 100/ 101/ 102 cm

MATERIAL

- Reines Leinen türkis (145 cm breit), 1,40/ 1,50/ 1,60/ 1,70 m
- Knöpfe, 18 mm Ø, 8 Stück
- aufbügelbare Einlage (90 cm breit), 0,40 m

Schnittteile 10 – 17 auf Bogen B in Schwarz

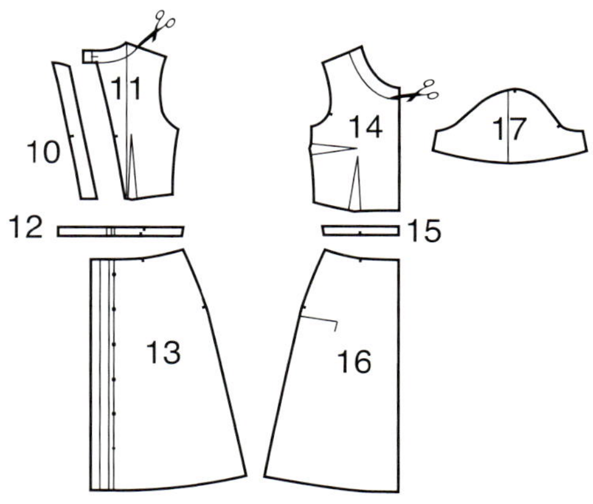

Größe: 34/36

Größe: 38/40

Größe: 42/44

Größe: 46/48

Schnittvorbereitung

Die Blenden von Vorder- und Rückenteil auf die entsprechenden Größen übertragen und vom Schnittmuster abschneiden.

Zuschnitt

- 10 rückw. Besatz = 2 x Stoff, 2 x Einlage
- 11 Rückenteil = 2 x Stoff
- 11 rückw. Blende/Besatz = 4 x Stoff, 2 x Einlage
- 12 rückw. Bund = 2 x Stoff, 2 x Einlage
- 13 rückw. Rockteil = 2 x Stoff
- 14 Vorderteil = 1 x im Stoffbruch
- 14 vord. Blende/Besatz = 2 x im Stoffbruch, 1 x Einlage
- 15 vord. Bund = 1 x im Stoffbruch, 1 x Einlage
- 16 vord. Rockteil = 1 x im Stoffbruch
- 17 Ärmel = 2 x Stoff
- a Tasche = 2 x Stoff, 15 cm breit, 16 cm lang

Zuschneidepläne

Gr. 34/36 – 42/44

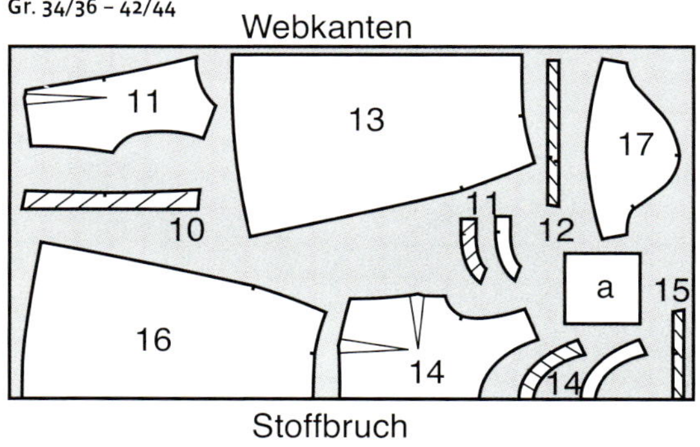

Gr. 46/48

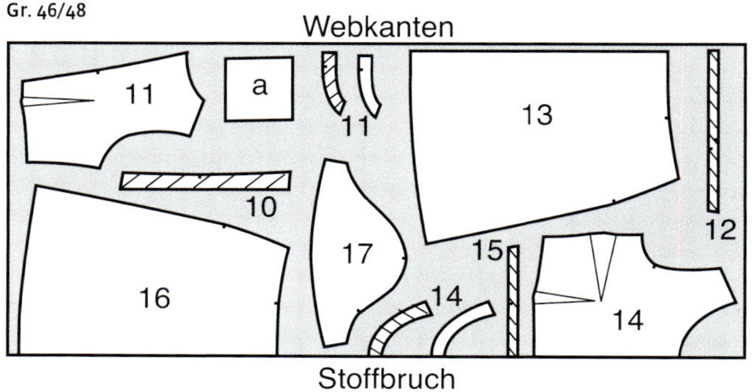

Saum mit 1 cm und Ärmelsaum mit 2 cm Zugabe zuschneiden, an der oberen Taschenkante 3,5 cm Zugabe anschneiden, an allen übrigen Kanten 1 cm Nahtzugabe hinzufügen.

SO GEHT'S

1 Einlage auf die Blenden, die Bundteile und die rückw. Besätze bügeln.

2 Vord. und rückw. Abnäher spitz auslaufend steppen und nach oben, bzw. zur Mitte gerichtet bügeln. Sämtliche Nahtkanten versäubern, bis auf die Armausschnitte und die Ärmelkugel.

3 Halsausschnitt: Die Schulternähte rechts auf rechts steppen und auseinanderbügeln. Die rückw. Besätze rechts auf rechts an die rückw. Ausschnittkante steppen. Die rückw. Blenden rechts auf rechts auf die vord. Blende legen, Schulternähte schließen und auseinanderbügeln. Ebenso die rückw. und vord. Besätze nähen. Dann die Blende rechts auf rechts auf den Besatz stecken, die Halsausschnittkante und an der rückw. Mitte den Ober- und Untertritt steppen. Nahtzugaben knapp verschneiden, die Ecken schräg abschneiden. Den Besatz nach außen wenden, Nahtzugaben zum Besatz legen und auf dem Besatz knappkantig absteppen. Die Halsausschnittkante bügeln. Die Blende zeichengemäß rechts auf rechts an den Halsausschnitt steppen. Nahzugaben in die Blende bügeln. Auf der Innenseite den Besatz mit eingeschlagener Nahtzugabe von Hand annähen.

4 Seitennähte rechts auf rechts steppen, Nahtzugaben auseinanderbügeln. Ärmelnähte jeweils rechts auf rechts steppen, Nahtzugaben auseinanderbügeln. Die Ärmelsäume nach innen bügeln und ansteppen. Ärmel zeichengemäß in die Armausschnitte steppen. An der Armkugel die Mehrweite einhalten. Armkugel bügeln und die Nahtkanten jeweils zusammengefasst versäubern.

5 Rockteil: An den rückw. Rockteilen die Knopfleisten zeichengemäß zweimal nach innen bügeln. Die Knopfleisten knappkantig aufsteppen. Seitennähte rechts auf rechts steppen, Nahtzugaben auseinanderbügeln. Den Saum nach innen bügeln und ansteppen.

6 Taschen: Die obere Kante der Tasche 3,5 cm nach links bügeln, einschlagen und ansteppen. Die seitlichen Kanten und die untere Kante der Tasche rundherum 1 cm nach links bügeln, dann die Tasche zeichengemäß auf das vord. Rockteil stecken. Die Tasche so aufstecken, dass sie unten an die Seitennaht stößt, oben liegt sie etwas über der Seitennaht. Tasche knappkantig aufsteppen.

7 Bundverarbeitung: Die rückw. Bundteile rechts auf rechts auf das vord. Bundteil legen und die Seiten steppen, Nahtzugaben auseinanderbügeln. Auf dem Oberteil von der Schr ittkante aus nach oben 2 cm messen und eine Linie heften. Den Bund rechts auf rechts mit der Schnittkante an diese Linie legen und ansteppen. Den Rock rechts auf rechts an das Oberteil stecken. Rock ansteppen dabei den Bund m tfassen. Rock und Bund nach unten bügeln. An der rückw. Mitte den Bund an der Umbruchlinie nach außen um schlagen und die obere Kante steppen Bund nach außen wenden und alles bügeln. Innen die Nahtzugaben einschlagen und mit der Hand an den Bund nähen.

8 Knopflöcher zeichengemäß an der Halsausschnittblende, am Bund und an der linken Rockkante einarbeiten und die Knöpfe annähen.

Styling-Tipp

Das Kleid kann sehr gut mit einem sportlichen Bandeau-Top darunter getragen werden.

the
best
is yet
to come

Vorne kurz, hinten lang!

Modell 5 – Kimono-Oberteil mit Schlitzen

Größe 34/36, 38/40, 42/44, 46/48 | **Schwierigkeitsgrad** ✂ | **Rückenlänge** 79,5/ 98,5/ 99,5/ 100,5 cm

MATERIAL

- Leinen/Baumwoll-Mischgewebe bedruckt (150 cm breit), 1,35/ 1,35/ 1,35/ 1,90 m
- Knopf, 10 mm Ø

Schnittteile 1 + 1a, 2 + 2a + 5 auf Bogen A in Schwarz

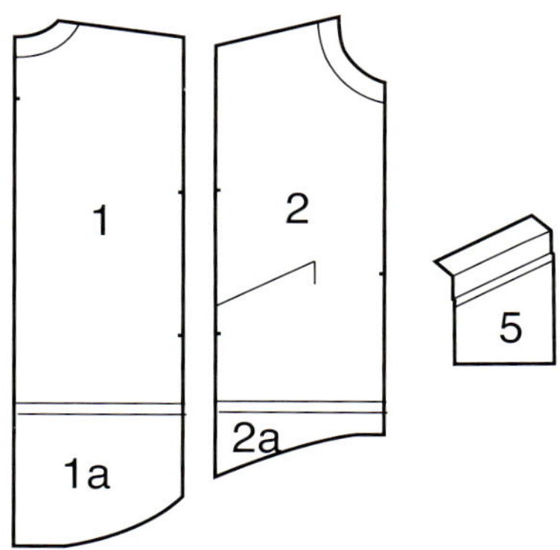

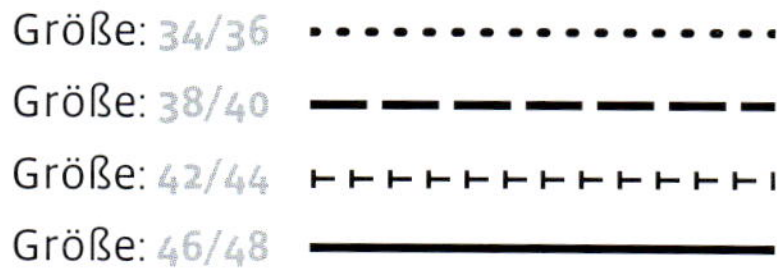

Schnittvorbereitung

Die Schnittteile 1 + 1a, sowie 2 + 2a an den Zusammensetzlinien aneinanderkleben. Die Besätze von Vorder- und Rückenteil auf die entsprechenden Größen übertragen und als extra Teile kopieren.

Zuschnitt

- 1 Rückenteil = 2 x Stoff
- 1 rückw. Besatz = 2 x Stoff
- 2 Vorderteil = 2 x Stoff
- 2 vord. Besatz = 1 x im Stoffbruch
- 5 Tasche = 2 x Stoff
- a Ärmelblenden = 2 x Stoff, 57/ 58/ 59,25/ 60,5 cm lang, 7 cm breit (3,5 cm fertig)
- b Schlaufe für den Knopf = 1 x Stoff im schrägen Fadenlauf, 6 cm lang, 3 cm breit (incl. Nahtzugaben)

Säume mit 1,5 cm Zugabe zuschneiden, an allen übrigen Kanten 1 cm Nahtzugabe hinzufügen.

Zuschneidepläne

Gr. 34/36 – 42/44

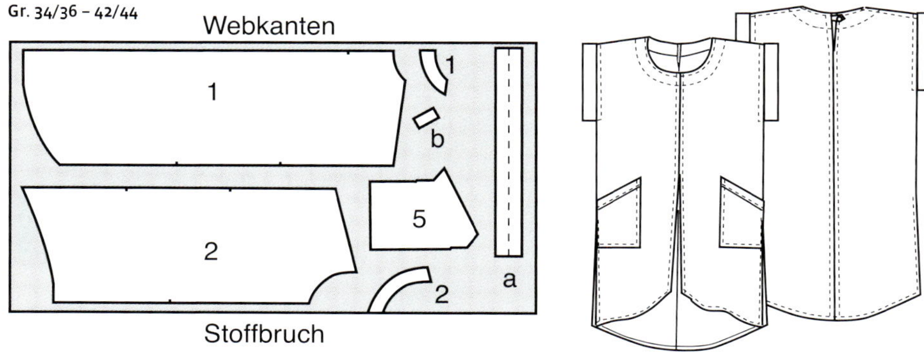

Gr. 46/48

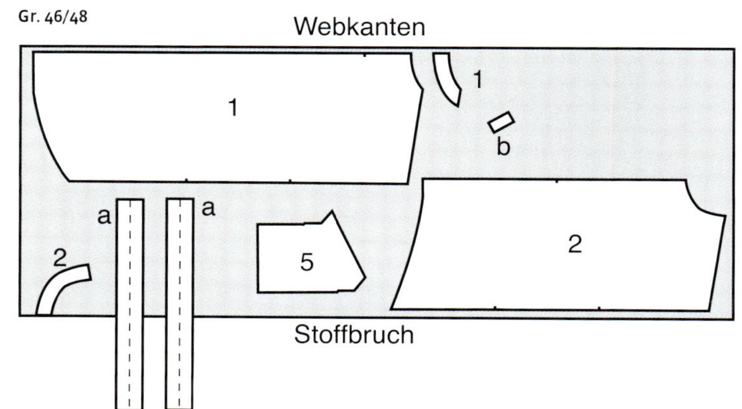

SO GEHT'S

1 Taschen: Den angeschnittenen Taschenbesatz nach innen bügeln, direkt an der Besatzkante noch einmal umschlagen, bügeln und die Bruchkante 0,5 cm breit absteppen. Dann den Besatz hochlegen und das abgesteppte Stück als Falte nach unten bügeln. Die Taschenkanten an den langen Seiten und am unteren Rand 1 cm nach links bügeln. An der oberen Kante die Ecke nach links einschlagen. Die Taschen zeichengemäß auf die Vorderteile stecken und rundherum knappkantig aufsteppen. Am Tascheneingriff ein kleines Dreieck steppen.

2 Vorder- und Rückenteile jeweils rechts auf rechts legen und die Mittelnähte bis zu den Schlitzmarkierungen steppen. Die Nahtkanten jeweils knapp einschlagen und feststeppen. Am vord. sowie rückw. Schlitz die Kanten auf jeder Seite ebenfalls knapp einschlagen und ansteppen. Säume von Vorder- und Rückenteilen nach innen bügeln, knapp einschlagen und ansteppen.

3 Schlaufe für den Knopf: Den Streifen b längskantig rechts auf rechts legen und 0,75 cm breit steppen. Die Nähfäden lang hängen lassen, in eine große Nadel einfädeln, die Fäden verknoten und die Nadel durch den Schlauch ziehen. Den Streifen dann ganz nach außen wenden und flach bügeln. Die Schlaufe nun zur Hälfte legen, sodass die Bruchkanten aneinanderstoßen. Am Ende eine Ecke bilden. Die Schlaufe unter die linke rückw. Schlitzkante stecken, sodass 1,5 cm Schlaufe herausguckt. Am Knopf ausprobieren ob er durch die Schlaufe passt, dann die Schlaufe festheften.

4 **Halsausschnitt:** Vorder- und Rückenteil rechts auf rechts legen und die Schulternähte steppen. Die Nahtzugaben nach hinten bügeln. Die rückw. Nahtkante knapp verschneiden, die vordere Nahtkante einschlagen und knappkantig aufsteppen. Die Schulternähte der Besätze steppen, auseinanderbügeln und die Besatzkante versäubern. Besatz rechts auf rechts auf das Oberteil legen, am rückw. Halsausschnitt muss auf jeder Seite 1 cm überstehen und den Halsausschnitt steppen. Die Nahtzugaben knapp verschneiden und den Besatz aufklappen. Auf dem Besatz, die Nahtzugaben liegen darunter, knappkantig neben der Naht absteppen. Dabei den Halsausschnitt nicht ausdehnen! Die Kante gut bügeln. Die Halsrundung dabei gut in Form bügeln. An der rückw. Mitte die Besatzkanten nach innen legen und bügeln. Die Mittelnaht noch einmal in der ersten Naht steppen, dabei die Schlaufe mitfassen. Jetzt den Halsausschnitt steppfußbreit absteppen. Den Besatz anheften und neben der Besatzkante ebenfalls absteppen. Dann 0,5 cm daneben eine zweite Steppnaht setzen.

5 Die Seitennahtkanten versäubern, die Teile rechts auf rechts legen und die Seitennähte von der Ärmeleinsatzmarkierung bis zum Schlitzanfang steppen, dabei die Taschen am oberen Stück mitfassen. Nahtkanten jeweils auseinanderbügeln. Die Schlitzkanten nach innen bügeln und feststeppen.

6 **Ärmelblenden:** Die Blendenstreifen jeweils rechts auf rechts legen und die Naht steppen. Nahtkanten auseinanderbügeln. Blenden auf halbe Breite umbügeln und die offenen Kanten zusammengefasst rechts auf rechts an die Armausschnitte steppen. Nahkanten zusammengefasst versäubern und zum Oberteil gerichtet bügeln. Von rechts auf der Naht 0,5 cm breit absteppen. Den Knopf am rechten Rückenteil annähen.

the
Best
is yet
to come

Must-have: Oversize

Modell 6 – Schlupfhemd

Größe 34/36, 38/40, 42/44, 46/48 | **Schwierigkeitsgrad** ✂✂✂ | **Hemdlänge** 88/ 89/ 90/ 91 cm

MATERIAL

- Reines Leinen orange (145 cm breit), 1,90/ 1,95/ 1,95/ 2,00 m
- aufbügelbare Einlage (90 cm breit), 0,40 m
- Knöpfe, 13 mm Ø, 4 Stück

Schnittteile 4 + 4a, 5 + 5a, 6 – 8 auf Bogen C in Schwarz

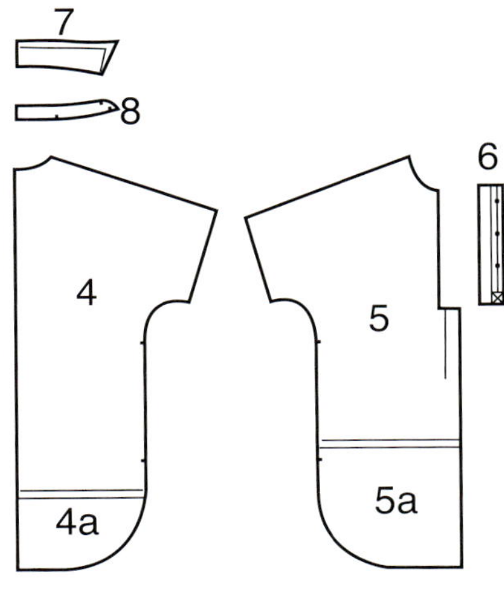

Größe: 34/36
Größe: 38/40
Größe: 42/44
Größe: 46/48

Schnittvorbereitung

Die Schnittteile 4 + 4a, sowie 5 + 5a an den Zusammensetzlinien aneinanderkleben. Den Unterkragen aus dem Kragenschnitt herauskopieren. Für Gr. 42/44 + 46/48 die Kragen- und Stegschnitte an den rückw. Mittellinien spiegeln, sodass ganze Teile entstehen.

Zuschnitt

- 4 Rückenteil = 1 x im Stoffbruch
- 5 Vorderteil = 1 x im Stoffbruch
- 6 Knopfleiste = 2 x Stoff, 2 x Einlage
- 7 Oberkragen = 1 x im Stoffbruch, 1 x Einlage
- 7 Unterkragen = 1 x im Stoffbruch
- 8 Steg = 2 x im Stoffbruch, 1 x Einlage
- a Ärmelaufschlag = 2 x Stoff, 40,5/ 42,5/ 46,25/ 50,25 cm lang, 9 cm breit (4,5 cm fertig)

An allen Kanten 1 cm Nahtzugabe hinzufügen.

Zuschneidepläne

Gr. 34/36 + 38/40

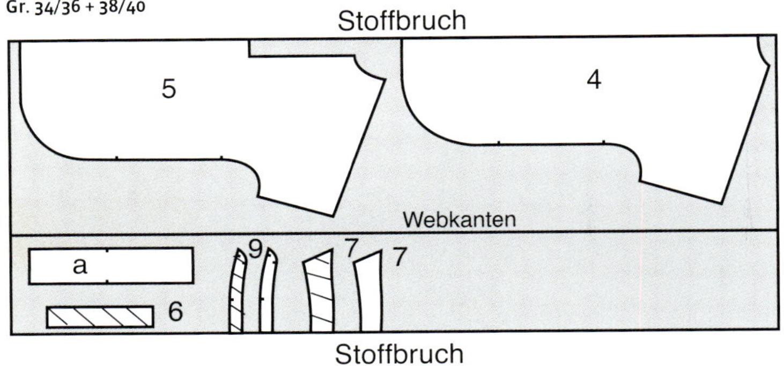

Gr. 42/44 + 46/48

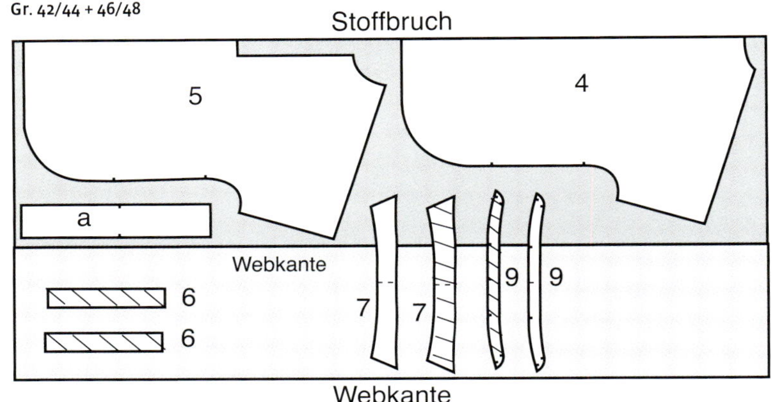

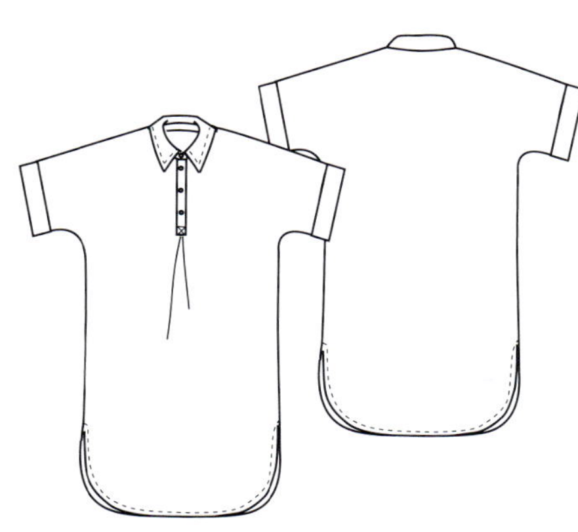

SO GEHT'S

1 Den Oberkragen, ein Stegteil und die Knopfleisten mit Einlage fixieren.

2 Knopfleiste: Die Knopfleisten jeweils entlang der Umbruchlinie bügeln, an einer Längskante jeweils 1 cm nach innen bügeln. Am Vorderteil die Kellerfalte einlegen und feststeppen. Die nicht umgebügelte Kante der Leisten jeweils rechts auf links (!) an die vorderen Kanten steppen. Die Nahtzugabe an den unteren Ecken schräg bis kurz vor das Ende der Ansatznaht einschneiden. Die Leisten zur Mitte legen und die Nahtzugaben in die Leiste bügeln. Die umgebügelte Kante nun genau auf die Ansatznaht stecken und knappkantig aufsteppen. Die vorderen Kanten ebenfalls knappkantig absteppen. Beide Leistenenden aufeinanderlegen, die Nahtzugabe am Ende nach innen legen und von innen die Leisten ansteppen. Außen ein Kreuz steppen und alles bügeln.

3 Die Nahtkanten von Vorder- und Rückenteil versäubern und die Schulternähte rechts auf rechts steppen. Nähte auseinanderbügeln.

4 **Kragen:** Kragenteile rechts auf rechts legen und an den Außenkanten steppen. Dabei den Unterkragen, da kleiner geschnitten, etwas dehnen. Nahtzugaben knapp verschneiden, die Ecken schräg abschneiden. Den Kragen auf rechts wenden und die Kanten bügeln. Kragen 0,5 cm breit absteppen. Das fixierte Stegteil an der Halsausschnittnaht 1 cm nach innen bügeln und 0,75 cm breit absteppen. Kragenstegteile rechts auf rechts legen, dabei den Kragen an den oberen Stegkanten zwischenfassen und steppen. Die vord. Rundungen am Steg gleich mit verstürzen. Kante flach bügeln und den Steg am Kragen knappkantig absteppen. Inneres Stegteil rechts auf rechts an die Halsausschnittkante steppen. Nahtkanten in den Steg gerichtet bügeln. Äußeres Stegteil knappkantig an die Ansatznaht steppen.

5 An der rechten Leiste und am Steg die Knopflöcher einarbeiten. Am Steg mittig 1,5 cm von der vord. Kante anzeichnen. Das erste Knopfloch vom Steg aus nach unten gemessen, bei 4 cm dann jedes weitere Knopfloch im Abstand von 9 cm einarbeiten.

6 Die Seitennähte bis zur Schlitzmarkierung steppen, Nähte auseinanderbügeln und eventuell an den stärksten Rundungen die Nahtzugaben etwas einschneiden.

7 Saumkanten 1 cm breit nach links bügeln und bis zum Schlitzende ansteppen.

8 **Ärmelaufschläge:** Die Teile jeweils an der Umbruchlinie links auf links bügeln. Die Streifen wieder aufklappen und die Schmalkanten rechts auf rechts steppen. Nahtzugaben auseinanderbügeln. Aufschlag mit den offenen Kanten zusammengefasst rechts auf rechts an die Ärmelsaumkanten steppen, Aufschlag nach oben bügeln und an der Schulter- und Seitennaht mit einem unsichtbaren Stich festnähen.

the
Best
is yet
to come

Schlicht und schön!

Modell 7 – Wickelkleid

Größe 34/36, 38/40, 42/44, 46/48 | **Schwierigkeitsgrad** ✂✂ | **Kleidlänge** 94/ 95/ 96/ 97 cm

MATERIAL

- Reines Leinen natur (140 cm breit), 1,65/ 1,70/ 1,80/ 1,85 m
- Oberknopf, 25 mm Ø
- Unterknopf, 20 mm Ø
- aufbügelbares Nahtband, 1 cm breit

Schnittteile 5 – 9 auf Bogen B in Schwarz

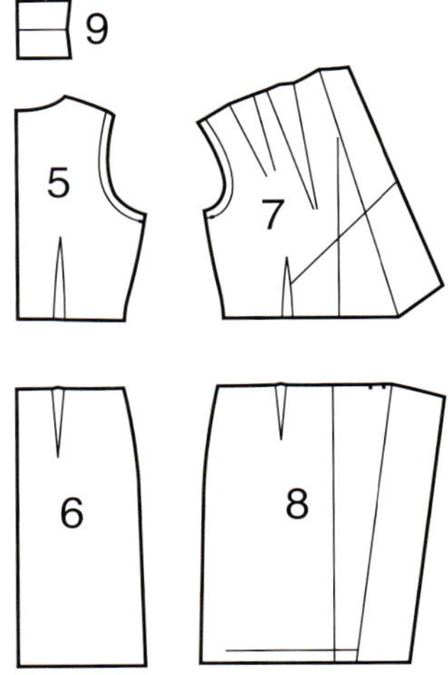

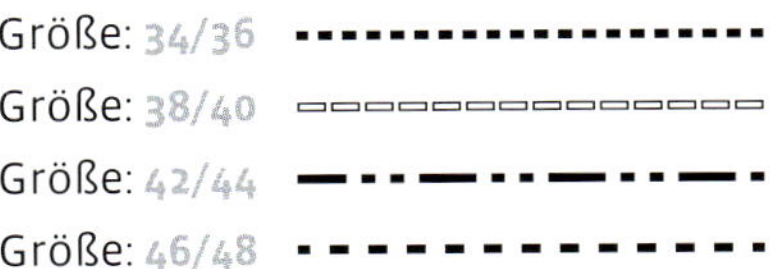

Zuschneideplan

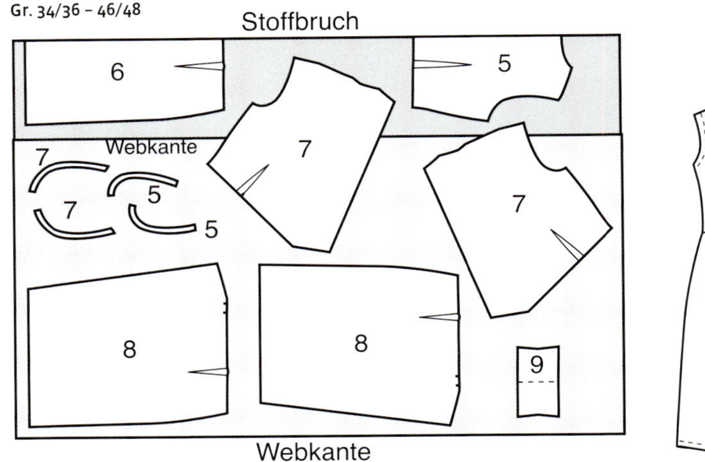

Schnittvorbereitung

Die Armausschnitt-Besätze von Vorder- und Rückenteil auf die entsprechenden Größen übertragen und kopieren. Den Kragenschnitt an der rückw. Mittellinie spiegeln, sodass ein ganzes Schnittteil entsteht.

Zuschnitt

- 5 Rückenteil = 1 x im Stoffbruch
- 5 rückw. Armausschnitt-Besatz = 2 x Stoff
- 6 rückw. Rockteil = 1 x im Stoffbruch
- 7 Vorderteil = 2 x im schrägen Fadenlauf
- 7 vord. Armausschnitt-Besatz = 2 x Stoff
- 8 vord. Rockteil = 2 x Stoff
- 9 rückw. Kragen = 1 x Stoff

Saum mit 3 cm Zugabe zuschneiden, an allen übrigen Kanten 1 cm Nahtzugabe hinzufügen.

SO GEHT'S

1 Am Vorderteil die eingezeichneten Falten einlegen, an der Schulterkante innerhalb der Nahtzugabe feststeppen und leicht einbügeln. Den vorderen Ausschnittbesatz nach links bügeln. Achtung: Dabei nicht ausdehnen, da er schräg geschnitten ist!

2 Den rückw. Kragen an der Umbruchkante links auf links bügeln, wieder auffalten eine lange Kante rechts auf rechts an das Rückenteil steppen. Nahtzugaben zum Kragen gerichtet bügeln. Die Schulternähte rechts auf rechts steppen und gleich die Besätze mit steppen. Die Nahtkanten zusammengefasst versäubern und nach hinten gerichtet bügeln. Die innere Kragenkante und die Kanten der vorderen Besätze versäubern. Die innere Seite des rückw. Kragens von rechts anstecken und von rechts bis zur Schulter im Nahtschatten der Ansatznaht feststeppen.

3 Sämtliche Abnäher spitz auslaufend steppen und jeweils zur Mitte gerichtet bügeln.

4 Die Rockteile rechts auf rechts an die Oberteile steppen. Dabei am Obertritt und am Untertritt, wie im Schnitt eingezeichnet jeweils ein Stück Naht für das Knopfloch offenlassen. Dasselbe Stück auch im Besatz offenlassen. An diesen Öffnungen die Nahtzugaben auseinanderbügeln, sonst die Nahtzugaben zusammen versäubern und nach oben bügeln. Den Besatz an den Rockteilen nach links bügeln und jeweils die lange Besatzkante versäubern. Die Öffnungen für die Knopflöcher müssen ganz genau aufeinandertreffen. Die Knopflöcher nun knappkantig rundherum aufeinandersteppen.

5 Die Seitennähte rechts auf rechts steppen, dabei die Taillennähte aufeinandertreffen lassen. Nahtkanten jeweils zusammengefasst versäubern und nach hinten gerichtet bügeln.

6 Die Saumkante versäubern, nach links bügeln und den Besatz ebenfalls umbügeln. Besatz anstecken und den Saum steppen.

7 Die vord. und rückw. Armausschnitt-Besätze jeweils rechts auf rechts legen und an den Schultern und den Seiten steppen. Nähte auseinanderbügeln. Besätze rechts auf rechts auf die Armausschnitte stecken und ansteppen. Nahtzugaben knapp verschneiden, auf dem Besatz – Nahtzugaben liegen darunter – knappkantig steppen. Besatz nach innen wenden und die Kante im Nahtbruch bügeln. Offene Besatzkante versäubern. Den Besatz von rechts feststecken oder heften und 1,5 cm breit ansteppen.

8 Die vordere Mitte am Ober- und Untertritt mit einem Heftfaden markieren, aufeinanderlegen und die Knöpfe anzeichnen. Den kleinen Knopf auf der Innenseite und den großen Knopf auf der Außenseite annähen.

Shorts forever!

Modell 8 – Shorts mit Aufschlag

Größe 34/36, 38/40, 42/44, 46/48 | **Schwierigkeitsgrad** ✂✂✂ | **Seitenlänge ab Taille** 39/ 40/ 41/ 42 cm

MATERIAL

- Leinen/Baumwoll-Mischgewebe (138 cm breit), 1,20/ 1,20/ 1,25/ 1,35 m
- Reißverschluss, 14 cm lang
- aufbügelbare Einlage (90 cm breit), 0,30 m
- Knöpfe, 15 mm Ø, 2 Stück

Schnittteile 11 – 17 auf Bogen C in Grau

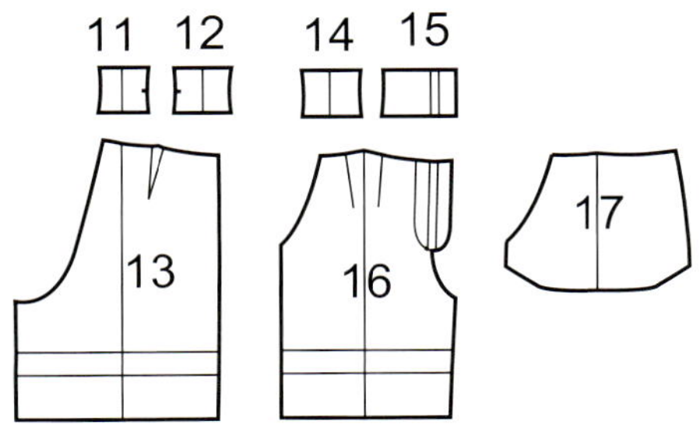

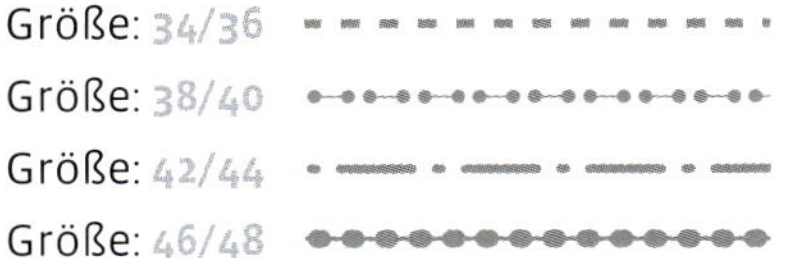

Zuschneideplan

Gr. 34/36 – 46/48

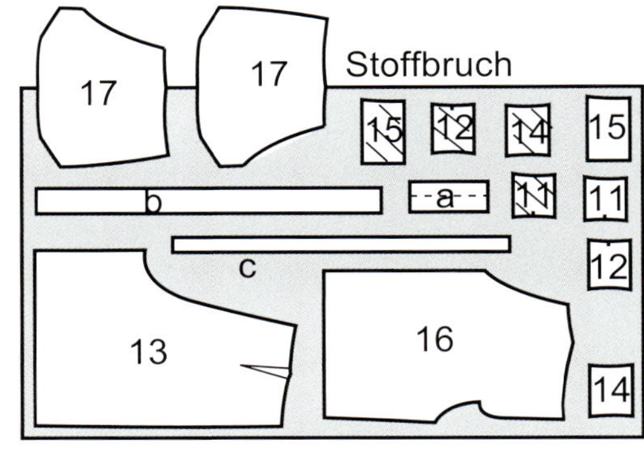

Zuschnitt

- 11 rückw. mittlerer Bund = 4 x Stoff, 2 x Einlage
- 12 rückw. seitlicher Bund = 4 x Stoff, 2 x Einlage
- 13 rückw. Hosenteil = 2 x Stoff
- 14 vord. seitlicher Bund = 4 x Stoff, 2 x Einlage
- 15 vord. mittlerer Bund = 4 x Stoff, 2 x Einlage
- 16 vord. Hosenteil = 2 x Stoff
- 17 Hüftteil mit Taschenbeutel = 2 x Stoff, Achtung: gegengleich zuschneiden!
- a Untertritt für vord. Reißverschluss = 1 x Stoff, 15 cm lang, 6 cm breit (3 cm fertig)
- b Bindeband = 2 x Stoff, 66,5 cm lang, 8 cm breit (4 cm fertig)
- c Streifen für 5 Gürtelschlaufen = 1 x Stoff, 4 cm breit, 45 cm lang

Für die Säume 1 cm zugeben (der Umschlag ist bereits im Schnitt enthalten), an allen übrigen Kanten 1 cm Nahtzugabe hinzufügen.

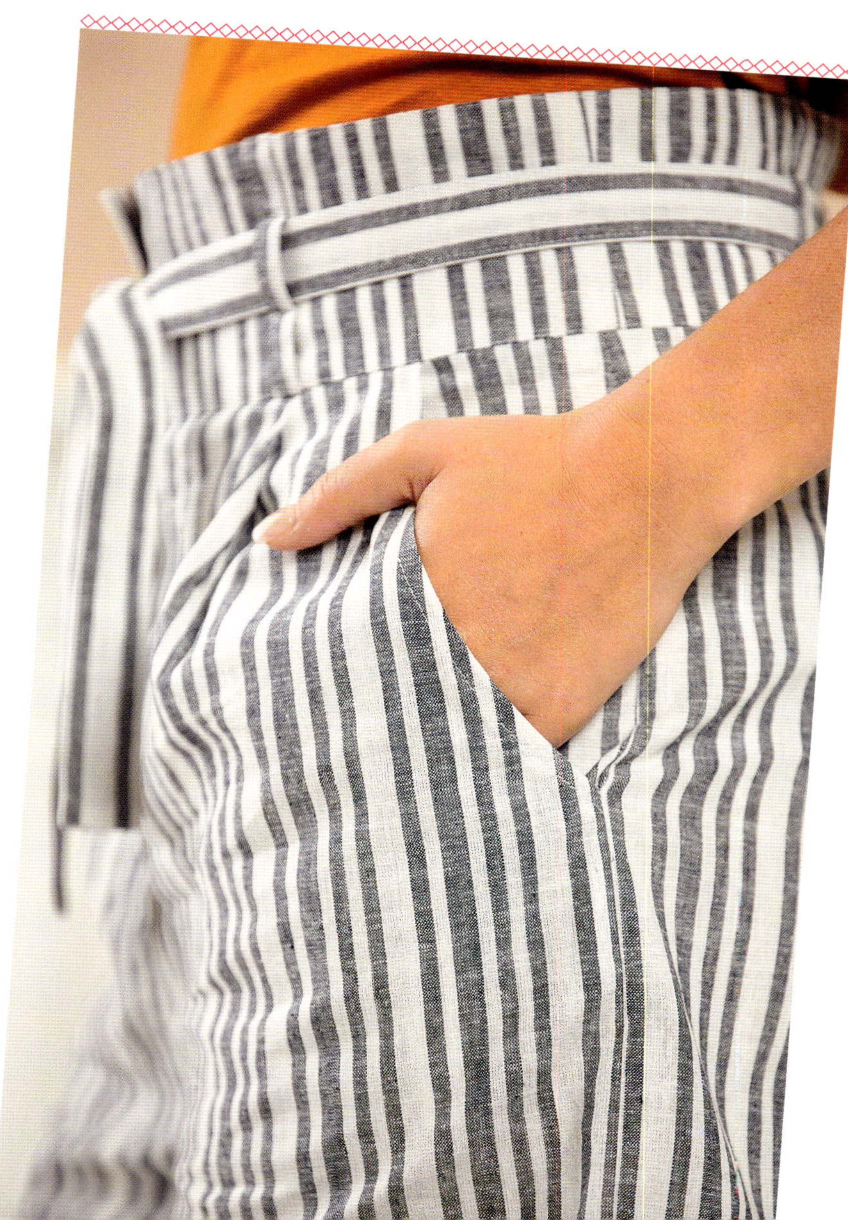

SO GEHT'S

1 Die rückw. Abnäher spitz auslaufend steppen. Abnäher zur Mitte gerichtet bügeln. Die Falten im Vorderteil zeichengemäß einlegen und an der oberen Kante feststeppen. Die Schrittkanten der Hosenteile versäubern.

2 Taschen: Am Vorderteil einen 2 cm breiten Einlagestreifen auf die Unterseite des Tascheneingriffs bügeln. Das Hüftpassenteil mit Taschenbeutel rechts auf rechts auf den Tascheneingriff legen und die Naht steppen. Nahtzugaben zurückschneiden und auf dem Taschenbeutel knappkantig absteppen – die Nahtzugaben liegen darunter. Taschenbeutel nach innen legen, die Kante bügeln und 0,5 cm breit absteppen. An der Umbruchkante das Hüftpassenteil rechts auf rechts bügeln – es bildet sich der Taschenbeutel. Die unteren Kanten des Taschenbeutels aufeinandersteppen und die Nahtkanten versäubern. Den Taschenbeutel an der Seitennaht und oben in der Taille ansteppen.

3 Reißverschluss: Die Vorderteile rechts auf rechts legen und die Schrittnaht ab der Reißverschlussmarkierung steppen. Naht auseinanderbügeln, dabei die Nahtzugaben dehnen. An der rechten vord. Mitte den angeschnittenen Besatz nach innen bügeln und einen Einlagestreifen in der Breite des Besatzes aufbügeln. An der linken vord. Mitte 1 cm vorbügeln für den Untertritt. Den Reißverschluss öffnen und an der linken Seite unter die vorgebügelte Kante stecken. Die RV-Zähnchen stehen vor. Mit einem einseitigen Steppfuß knappkantig ansteppen. RV wieder

schließen und die vorderen Mitten aufeinanderstecken. Das Vorderteil umdrehen und das RV-Bändchen an den Besatz der rechten Seite steppen. Nur auf den Besatz steppen, das Vorderteil nicht mitfassen! Dann von rechts den RV, wie im Schnitt markiert absteppen. Den RV-Untertritt längskantig rechts auf rechts legen und eine Schmalkante steppen. Untertritt auf rechts wenden und bügeln. Die offenen Kanten zusammengefasst versäubern. Den Untertritt rechts auf rechts an die linke vord. Mitte stecken, sodass die verstürzte Kante unten liegt. In der ersten Naht steppen, das RV-Bändchen zwischenfassen.

4 Je ein vord. und ein rückw. Hosenteil rechts auf rechts aufeinanderlegen und die Seitennähte steppen. Nahtzugaben jeweils zusammengefasst versäubern und nach hinten gerichtet bügeln. Saumkanten versäubern und nach links bügeln. Die Nahtkanten der inneren Hosenbeine versäubern, rechts auf rechts steppen, dabei die Säume wieder nach außen klappen. Nahtzugaben jeweils auseinanderbügeln und die Säume steppen. Das eine Hosenbein rechts auf rechts in das andere stecken und die rückw. Schrittnaht steppen. Nahtzugaben auseinanderbügeln.

5 Für die Gürtelschlaufen den Streifen b längskantig an jeder Seite 0,5 cm nach innen bügeln. Die Bruchkanten aufeinanderlegen und knappkantig absteppen. Die andere Kante ebenfalls absteppen. Den Streifen glatt bügeln und in fünf Teile je 9 cm lang schneiden.

6 Zweimal je 8 Bundteile an den Teilungsnähten rechts auf rechts zusammensetzen, sodass zwei separate Bündchen entstehen. Nähte auseinanderbügeln. An einem Bündchen die Gürtelschlaufen jeweils links auf rechts auf die vord. und rückw. Teilungsnähte und auf die rückw. Mittelnaht legen und an oberer und unterer Kante innerhalb der Nahtzugabe ansteppen.

7 Bundteile rechts auf rechts legen, die obere Kante und die vorderen Kanten steppen, dabei die Gürtelschlaufen mitfassen. Nahtzugaben an den Ecken schräg abschneiden. Bund wenden und die Kanten flach bügeln. Die Bundseite mit Gürtelschlaufen rechts auf rechts an die Hosenkante steppen. Nahtzugaben nach oben bügeln, innen die Nahtzugabe der Bundkante einschlagen, von rechts mit Stecknadeln fixieren und den Bund rundherum knappkantig absteppen. An den Gürtelschlaufen von oben und von unten jeweils 1,5 cm abmessen und hier quer steppen. Die beiden Knopflöcher einarbeiten. Dazu von der oberen Kante 2 cm messen, dann 4 cm abmessen. Von der vord Kante 1,5 cm messen. Die Knopflöcher einschneiden und passend dazu die Knöpfe annähen.

8 Für das Bindeband den Streifen c längskantig rechts auf rechts legen und steppen. An den Enden gerade abnähen. In der Mitte ein Stück der Naht zum Wenden offen lassen. Die Nahtzugaben an den Ecken schräg abschneiden und den Streifen auf rechts wenden. Das geht sehr gut mit dem Wendeset von Prym. Das Bindeband glatt bügeln und durch die Gürtelschlaufen ziehen.

Immer eine gute Wahl!

Modell 9 – Hemd mit Taschen und Klappen

Größe 34/36, 38/40, 42/44, 46/48 | **Schwierigkeitsgrad** ✂✂✂ | **Hemdlänge** 69/ 70/ 71/ 72 cm

MATERIAL

- Reines Leinen hellblau (145 cm breit), 1,50/ 1,55/ 1,60/ 2,00 m
- aufbügelbare Einlage (90 cm breit), 0,40 m
- Knöpfe, 13 mm Ø, 12 Stück

Schnittteile 1 – 8 auf Bogen D in Schwarz

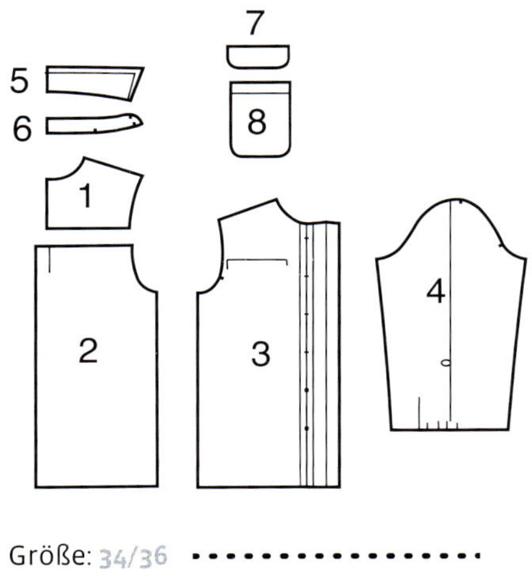

Größe: 34/36
Größe: 38/40
Größe: 42/44
Größe: 46/48

Zuschneidepläne

Gr. 34/36 – 42/44

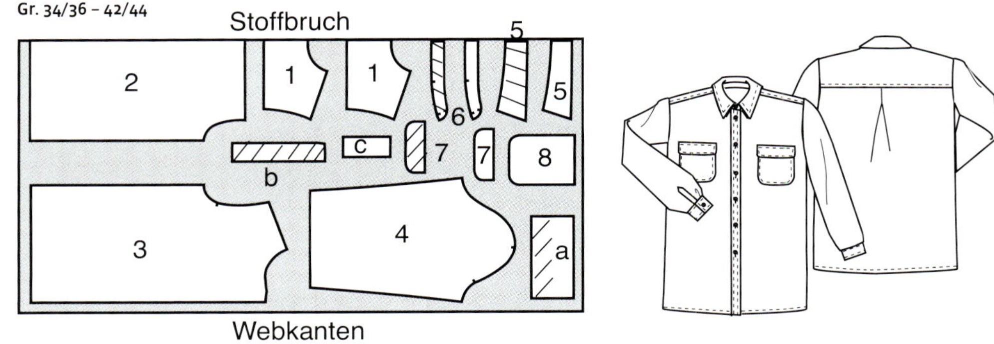

Gr. 44/46

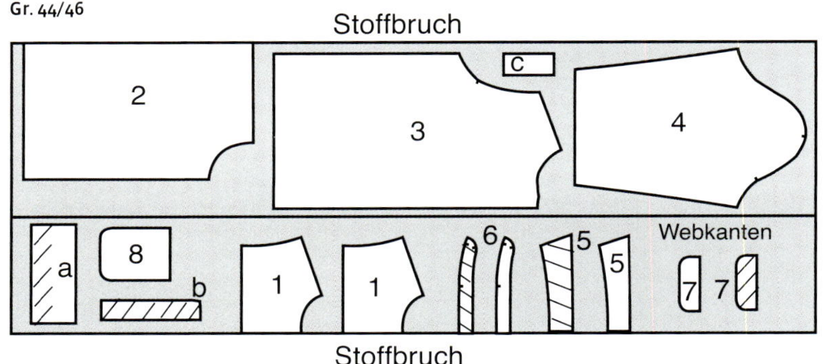

Schnittvorbereitung

Den Unterkragen aus dem Oberkragenschnitt herauskopieren.

Zuschnitt

- 1 rückw. Passe = 2 x im Stoffbruch
- 2 Rückenteil = 1 x im Stoffbruch
- 3 Vorderteil = 2 x Stoff
- 4 Ärmel = 2 x Stoff
- 5 Oberkragen = 1 x im Stoffbruch, 1 x Einlage
- 5 Unterkragen = 1 x im Stoff
- 6 Steg = 2 x im Stoffbruch, 1 x Einlage
- 7 Taschenklappe = 4 x Stoff, 2 x Einlage
- 8 Tasche = 2 x Stoff
- a Manschette = 2 x Stoff, 22,5/ 23,5/ 24,5/ 25,5 cm lang, 11 cm breit (5,5 cm fertig), 2 x Einlage (in halber Breite)
- b Ärmelriegel = 2 x Stoff, 2 x Einlage, 25 cm lang, 5 cm breit (2,5 cm fertig)
- c Ärmelschlitzbesatz = 2 x Stoff, 12,5 cm lang, 6 cm breit (inkl. Nahtzugabe)

Saum mit 2 cm Nahtzugabe zuschneiden, an allen übrigen Kanten 1 cm Nahtzugabe hinzufügen.

SO GEHT'S

1 Den Oberkragen, ein Stegteil, zwei Klappenteile, die Manschetten (jeweils zur Hälfte) und die Ärmelriegelteile mit Einlage bebügeln.

2 Für die Knopfleisten die vorderen Kanten zeichengemäß zweimal je 3 cm nach außen bügeln und den Umschlag 0,5 cm breit aufsteppen. Die vordere Kante ebenfalls 0,5 cm breit absteppen.

3 Taschen: Den angeschnittenen Besatz an der Umbruchlinie nach links bügeln, Nahtzugabe einschlagen und knappkantig feststeppen. Die obere Taschenkante ebenfalls knappkantig absteppen. Die offenen Taschenkanten 1 cm nach links bügeln. Taschen zeichengemäß knappkantig auf die Vorderteile steppen. Je ein verstärktes und ein unverstärktes Klappenteil rechts auf rechts legen und, bis auf die gerade Kante, steppen. Nahtzugaben knapp verschneiden und die Klappe auf rechts wenden. Die verstürzten Kanten bügeln und 0,5 cm breit absteppen. Klappen mit der geraden Kante 1 cm oberhalb der Tasche auf das Vorderteil legen – Klappenrundung zeigt nach oben – und aufsteppen. Nahtzugaben knapp abschneiden, Klappe nach unten bügeln und die Ansatznaht 0,5 cm breit absteppen, dabei wird die Nahtzugabe eingeschlossen.

4 Passe: Am Rückenteil die Falte einlegen und an der oberen Kante feststeppen. Eine Passe rechts auf rechts anstecken und steppen. Die andere Passe auf der Innenseite rechts auf links in der selben Naht ansteppen. Die Außenpasse nach oben bügeln, die Innenpasse bleibt noch nach unten gelegt. Von rechts auf

der Passe 0,5 cm breit absteppen. Die Innenpasse nun auch nach oben bügeln. Die Vorderteile rechts auf rechts an die äußere Passe steppen. Nahtkanten nach oben bügeln. Die Nahtzugabe der Innenpasse einschlagen, stecken und von rechts 0,5 cm auf der Passe absteppen.

5 Kragen: Kragenteile rechts auf rechts legen und an den Außenkanten steppen. Dabei den Unterkragen etwas dehnen, da er kleiner geschnitten ist. Nahtzugaben knapp verschneiden, die Ecken schräg abschneiden. Den Kragen nach außen wenden und die Kanten bügeln. Kragen 0,5 cm breit absteppen. Das fixierte Stegteil an der Halsausschnittnaht 1 cm nach innen bügeln und 0,75 cm breit absteppen. Kragenstegteile rechts auf rechts legen, dabei den Kragen an den oberen Stegkanten zwischenfassen und steppen. Die vord. Rundung am Steg gleich mit verstürzen. Kante flach bügeln und den Steg am Kragen knappkantig absteppen. Inneres Stegteil rechts auf rechts an die Halsausschnittkante steppen. Nahtkanten in den Steg gerichtet bügeln. Äußeres Stegteil knappkantig an die Ansatznaht steppen.

6 Am rechten Vorderteil und am Steg die Knopflöcher einarbeiten. Am Steg mittig 1,5 cm von der vord. Kante anzeichnen. Das erste Knopfloch vom Steg aus nach unten gemessen, bei 4 cm dann jedes weitere Knopfloch im Abstand von 9 cm einarbeiten.

7 Ärmel: Die Falten an der unteren Ärmelkante zeichengemäß einlegen und feststeppen. Den Dachschlitz arbeiten: Den Schlitz einschneiden, den Steifen rechts auf links an die vordere Schlitzseite steppen, die andere Schlitzseite 2 x knapp einschlagen und feststeppen. Den Besatz nach außen umschlagen und zur Hälfte umbügeln. Dann knapp eingeschlagen an den Schlitz steppen. Oben die Ecken einschlagen und so das „Dach“ entstehen lassen. Das Dach knappkantig aufsteppen, 2,5 cm nach unten steppen und hier quer steppen.

8 Ärmelriegel: Die Streifen jeweils längskantig zur Hälfte rechts auf rechts legen, die Längskante und die obere Spitze steppen. Unten bleibt der Riegel offen, den Riegel nach außen wenden. Das geht gut mit dem Wendeset von Prym. Riegel bügeln und an der Spitze das Knopfloch einarbeiten. Riegel zeichengemäß auf der linken Seite an den Ärmel steppen.

9 Die Ärmel offen zeichengemäß in die Armausschnitte steppen, Nahtkanten zusammengefasst versäubern und zum Hemd gerichtet bügeln. Die Seiten- und Ärmelnähte rechts auf rechts in einem Arbeitsgang steppen, Nahtkanten zusammen versäubern und nach hinten bügeln.

10 Manschetten: Manschette längskantig rechts auf rechts legen und die Schmalseiten verstürzen. Kanten flach bügeln und an der Umbruchlinie einbügeln. Manschette rechts auf rechts am Ärmel ansteppen, Nahtzugaben in die Manschette bügeln, innen die Nahzugabe umbügeln und mit der Hand an die Ansatznaht nähen. Die Manschette von außen rundherum 0,5 cm absteppen. Das Knopfloch 1,5 cm von der Obertritt-Kante und mittig einarbeiten.

11 Knöpfe annähen, dabei am Ärmel den Knopf für den Riegel von rechts auf die Steppnaht nähen.

the
Best
is yet
to come

Hinten wie vorn – schön!

Modell 10 – Kleid mit ausgestelltem Schnitt

Größe 34/36, 38/40, 42/44, 46/48 | **Schwierigkeitsgrad** ✂✂✂ | **Kleidlänge** 100/ 101/ 102/ 103 cm

MATERIAL

- Reines Leinen rosa (145 cm breit), 1,75/ 1,95/ 2,05/ 2,15 m
- aufbügelbare Einlage (90 cm breit), 0,30 m
- aufbügelbares Nahtband, 1 cm breit

Schnittteile 14 + 14a, 15 + 15a auf Bogen A in Schwarz

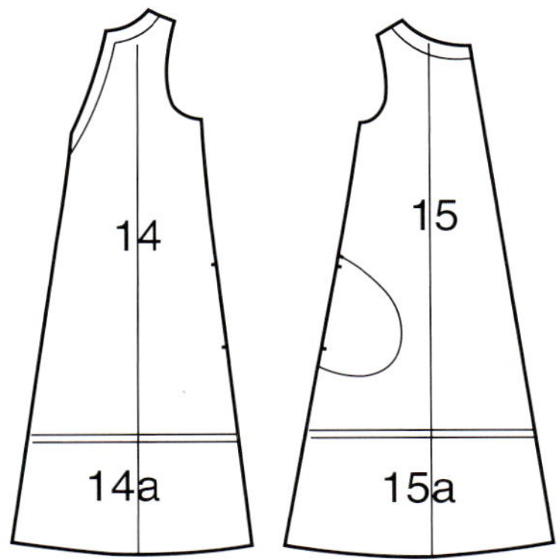

Größe: 34/36

Größe: 38/40

Größe: 42/44

Größe: 46/48

Schnittvorbereitung

Die Schnittteile 14 + 14a, sowie 15 + 15a an den Zusammensetzlinien aneinanderkleben. Die Besätze von Vorder- und Rückenteil auf die entsprechenden Größen übertragen und kopieren. Den Taschenbeutel aus dem Vorderteilschnitt herauskopieren.

Zuschnitt

- 14 Rückenteil = 2 x Stoff
- 14 rückw. Besatz = 2 x Stoff, 2 x Einlage
- 15 Vorderteil = 2 x Stoff
- 15 vord. Besatz = 1 x im Stoffbruch, 1 x Einlage
- 15 Taschenbeutel = 2 x Stoff
- a Einfassstreifen für den Armausschnitt = 2 x Stoff im schrägen Fadenlauf, 44,5/ 48/ 52,5/ 57,5 cm lang, 4 cm breit (incl. Nahtzugaben)
- b Bindeband = 2 x Stoff, 42 cm lang, 4 cm breit (2 cm fertig)

Saum mit 1 cm Zugabe, Armausschnitte ohne Nahtzugaben, an allen übrigen Kanten 1 cm Nahtzugabe hinzufügen.

Zuschneideplan

Gr. 34/36 – 46/48

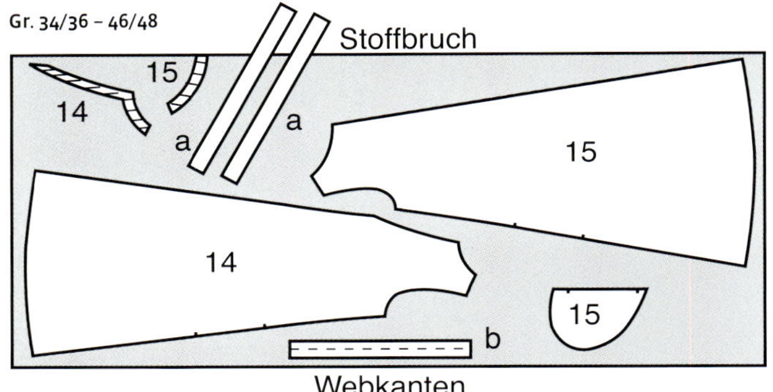

SO GEHT'S

1 Rückw. bzw vord. Mittelnaht jeweils rechts auf rechts steppen, Nahtkanten jeweils zusammengefast versäubern und zu einer Seite bügeln. Nahtband auf die vorderen Schulterkanten bügeln. Die Schulternähte rechts auf rechts steppen. Nahtkanten jeweils zusammengefasst versäubern und nach hinten gerichtet bügeln.

2 Die Besätze mit Einlage bebügeln. Die Schulternähte und die rückw. Mittelnaht der Besätze steppen, Nahtzugaben auseinanderbügeln und die Außenkante des Besatzteils versäubern.

3 Bindebänder: Die Streifen b jeweils längskantig rechts auf rechts legen und steppen. An einer Schmalseite quer steppen. Die Bänder nun nach rechts wenden, das geht sehr gut mit dem Wendeset von Prym. Die Bänder glatt bügeln und jeweils mit der offenen kurzen Kante rechts auf rechts an den rückwärtigen Ausschnitt am Halsausschnitt steppen. Das Band liegt dabei auf dem Rückenteil.

4 Besatz: Den Besatz rechts auf rechts auf den Halsausschnitt stecken – die Schulternähte müssen aufeinandertreffen. Den gesamten Halsausschnitt steppen, dabei die Bindebänder mitfassen. Die Nahtzugaben knapp verschneiden, an der hinteren Ecke des Ausschnittes die Nahtzugabe vorsichtig einschneiden und die Ecken schräg abschneiden. Besatz nach innen wenden, die Ecken gut herausdrücken und die Kante bügeln. Den Besatz von außen anstecken oder anheften und den Halsausschnitt 2,5 cm breit absteppen; den rückw. spitzen Ausschnitt 2 cm breit absteppen.

5 **Armausschnitte einfassen:** Das Einfassband an den Längskanten jeweils 0,75 cm nach innen bügeln. Dann das Band längskantig auf halbe Breite bügeln. Den Schnitt zur Hand nehmen und das Band in der Form des Armausschnittes bügeln. Der Bruch liegt dabei in der inneren Rundung. Den Streifen nun wieder auseinanderlegen und die Schnittkante des Armausschnittes genau an den Bruch des Streifens legen. Den Streifen zuklappen und in Form des Armausschnittes den Streifen knappkantig aufsteppen. Dabei die untere Lage des Streifens mitfassen. Den fertigen Armausschnitt nochmals in Form bügeln.

6 **Taschen:** Am Rückenteil, wie im Schnitt markiert, die Taschenbeutel rechts auf rechts ansteppen. Am Vorderteil im Bereich des Tascheneingriffs Nahtband aufbügeln. Die Nahtkante des Tascheneingriffs versäubern und nach innen bügeln. Den Tascheneingriff von rechts 0,5 cm breit absteppen. Die Nahtzugabe knapp neben Nahtanfang und -ende quer einschneiden.

7 Seitennähte rechts auf rechts steppen, dabei den Tascheneingriff offen lassen. Nahtkanten jeweils zusammengefasst versäubern und nach vorn gerichtet bügeln. Den Taschenbeutel unter das Vorderteil stecken und von rechts 2 x im Abstand von 0,5 cm absteppen.

8 Den Saum nach links bügeln und ansteppen.

60er Jahre Retro-Kleid

Modell 11 – Kleid mit rundem Kragen und Schulterriegeln

Größe 34/36, 38/40, 42/44, 46/48 | **Schwierigkeitsgrad** ✂✂✂ | **Kleidlänge** 92,5/ 93,5/ 94,5/ 95,5 cm

Material-Tipp

Das Kleid in gemustertem Stoff mit Kragen und Riegeln in Kontrastfarbe nähen.

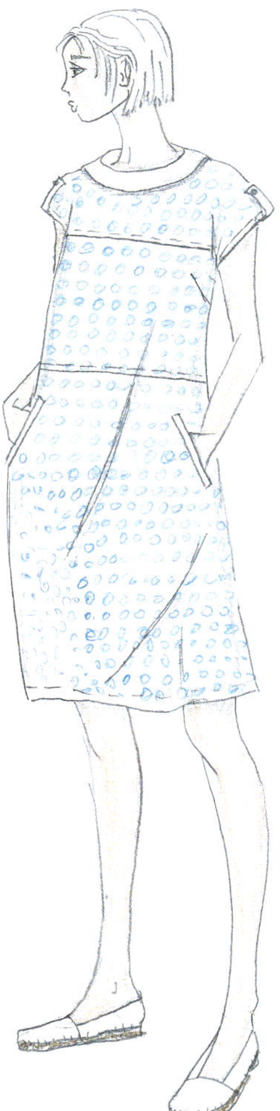

MATERIAL

- Leinen/Baumwoll-Mischgewebe blau-weiß (146 cm breit), 1,40/ 1,45/ 1,55/ 1,95 m
- aufbügelbare Einlage (90 cm breit), 0,30 m
- Reißverschluss, nahtverdeckt, 60 cm lang
- nähfreie Jeansknöpfe, 17 mm Ø, 2 Stück
- aufbügelbares Nahtband, 1 cm breit

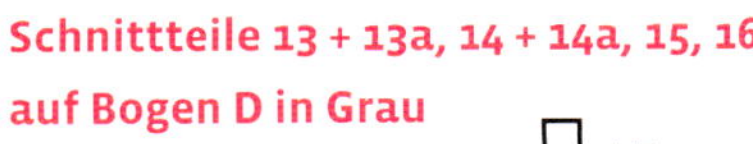

Schnittteile 13 + 13a, 14 + 14a, 15, 16 auf Bogen D in Grau

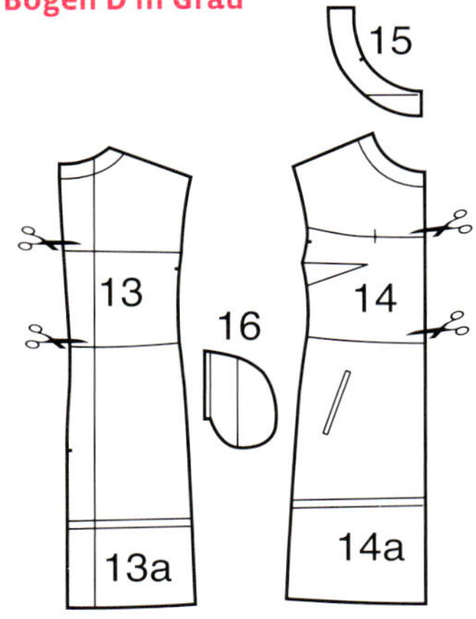

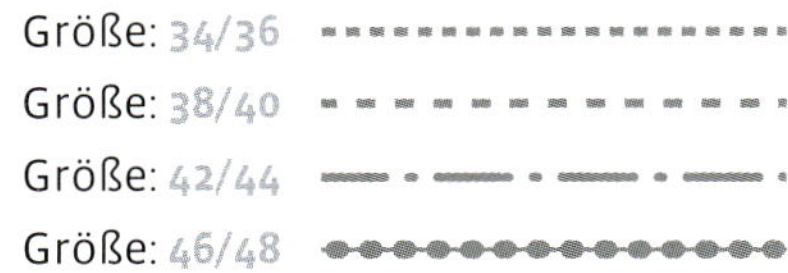

Schnittvorbereitung

Die Schnittteil 13 + 13a sowie 14 + 14a an den entsprechenden Zusammensetzlinien aneinanderkleben, dann Vorder- und Rückenteil an den Linien, wie im Schnitt markiert durchschneiden. Die Besätze von Vorder- und Rückenteil auf die entsprechenden Größen übertragen und kopieren. Das mittlere Vorderteil, den Kragen und den vord. Besatz (außer für Gr. 46/48) jeweils an der Mittellinie spiegeln, sodass ein ganzes Teil entsteht.

Zuschnitt

- 13 Rückenteil-Passe = 2 x Stoff
- 13 rückw. Besatz = 2 x Stoff, 2 x Einlage
- 13 mittleres Rückenteil = 2 x Stoff quer zum Fadenlauf zuschneiden
- 13 unteres Rückenteil = 2 x Stoff
- 14 Vorderteil-Passe = 1 x im Stoffbruch
- 14 vord. Besatz = 1 x Stoff, 1 x Einlage
- 14 mittleres Vorderteil = 1 x Stoff quer zum Fadenlauf zuschneiden
- 14 unteres Vorderteil = 1 x im Stoffbruch
- 15 Kragen = 2 x Stoff, 1 x Einlage

Zuschneidepläne

Gr. 34/36 – 42/44

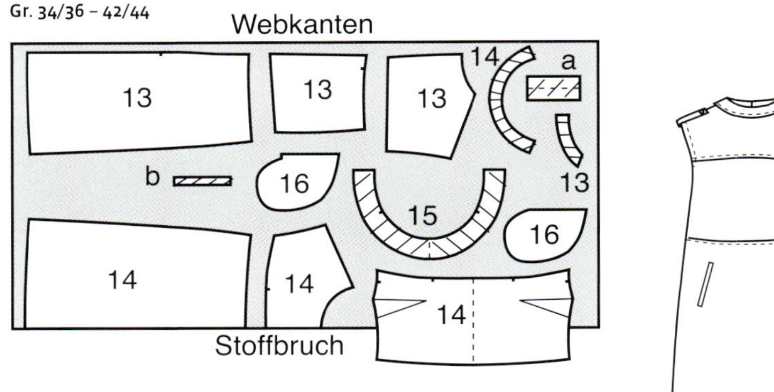

Gr. 46/48

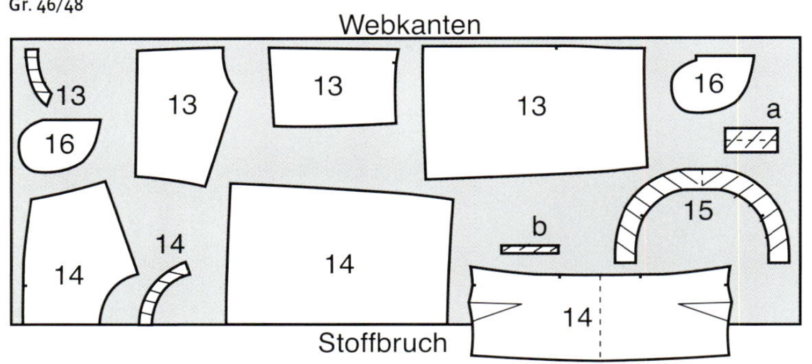

- 16 Taschenbeutel = 2 x Stoff ganz, 2 x Stoff bis zur eingezeichneten Linie
- a Schulterriegel = 2 x Stoff, 2 x Einlage, 13 cm lang, 6 cm breit (3 cm fertig)
- b Leiste für Tasche = 2 x Stoff, 2 x Einlage, 14 cm lang, 2 cm breit (1 cm fertig)

Saum mit 3 cm Zugabe, Armausschnitte mit 2 cm Nahtzugabe zuschneiden, an allen übrigen Kanten 1 cm Nahtzugabe hinzufügen.

SO GEHT'S

1 Die Besätze, einen Kragen, die Schulterriegel und die Leisten mit Einlage bebügeln.

2 Am mittleren Vorderteil die Brustabnäher spitz auslaufend steppen und nach oben gerichtet bügeln.

3 **Leistentasche:** Am unteren Vorderteil die Taschenmarkierungen durchheften, sodass die Ansatzlinie auf der rechten Seite zu sehen ist. Einen Streifen Einlage 17 cm lang und 4 cm breit auf die Stoffunterseite bügeln. Die Leiste in der Umbruchlinie bügeln und ab Bruchkante 1 cm breit steppen. Die gesteppte Naht nun am Vorderteil genau auf die Heftlinie legen – die Bruchkante zeigt zur Kleidmitte, am Anfang und am Ende steht die gesteppte Naht 1 cm über der Heftlinie. Genau in Leistenlänge in der gesteppten Naht nähen und an den Enden gut verriegeln. Den längeren Taschenbeutel mit der geraden Kante genau an die gesteppte Naht legen und entlang der Leistenkante steppen. Nahtzugaben hochnehmen und am Vorderteil zwischen den Nähten einen Schlitz einschneiden – jedoch nicht bis zum Ende der Nähte, sondern bis ca. 1 cm vorher, ab hier schräg zu den Nahtenden schneiden. Die Nahtzugaben nach innen ziehen und die entstandenen Dreiecke an die Leiste steppen. Den zweiten Taschenbeutel an die Leiste steppen und nach unten bügeln. Taschenbeutel aufeinandersteppen und die Nahtkanten zusammengefasst versäubern.

4 Das mittlere Vorderteil, die vordere Passe und das untere Vorderteil jeweils rechts auf rechts aneinandersteppen. Die Nahtkanten jeweils zusammengefasst versäubern und die Nahtzugaben zum mittleren Teil bügeln. Genauso mit den Rückenteilen verfahren. Nun die Nähte von rechts knappkantig absteppen.

5 **Reißverschluss:** Die rückw. Mittelnahtkanten versäubern, die Teile rechts auf rechts legen und die Mittelnaht bis 2 cm vor der Reißverschlussmarkierung steppen. Den Reißverschluss mit einem Spezialsteppfuß einarbeiten. Das restliche Stück Naht schließen. Die Nahtzugaben auseinanderbügeln.

6 Auf den vord. und rückw. Halsausschnitt Nahtband aufbügeln. Die Schulterkanten versäubern und die Schulternähte rechts auf rechts steppen. Nahtzugaben auseinanderbügeln.

7 **Schulterriegel:** Die Riegelteile jeweils längskantig rechts auf rechts zur Hälfte falten und die lange Kante sowie eine kurze Kante steppen. Die Nahtzugaben knapp verschneiden und die Ecken schräg abschneiden. Die Riegel wenden – das geht sehr gut mit dem Wendeset von Prym. Riegel flach bügeln und die offene kurze Kante von links mittig unter die Schulternaht stecken, Abstand zur Ärmelkante 1 cm. Die Ärmelkante 1 cm nach links bügeln und nochmals 1 cm einschlagen. Ärmelsaum 1 cm breit absteppen, dabei den Riegel mitfassen. Den Riegel nun nach außen umschlagen und auf die Schulternaht stecken. Den Knopf nach Anleitung durch Riegel + Oberteil anbringen.

8 **Kragen:** Die Kragenteile rechts auf rechts aufeinanderlegen, die Außenkante und die rückw. Mitte steppen. Nahtzugaben knapp verschneiden, die Ecken schräg abschneiden und den Kragen wenden. Die Ecken gut herausdrücken und die Kante bügeln. An den offenen Kanten die Schnittkante des Unterkragens etwas über die Schnittkante des Oberkragens hinausschieben, sodass der Oberkragen etwas Mehrweite/Rollweite bekommt und die Kanten aufeinanderheften. Den Kragen nun zeichengemäß rechts auf rechts an den Halsausschnitt steppen. Die Schulternähte der Besätze steppen und die Nähte auseinanderbügeln. Den Besatz rechts auf rechts über dem Kragen an den Halsausschnitt stecken – die Schulternähte von Oberteil und Besatz müssen aufeinandertreffen. Den Halsausschnitt steppen, dabei den Kragen mitfassen. Die Nahtzugaben etwas verschneiden, an den Rundungen bis knapp vor die Naht einschneiden. Den Besatz nach innen legen und die Nahtzugaben zum Kleid gerichtet bügeln, dabei den Halsausschnitt nicht ausdehnen. Den Halsausschnitt von rechts knappkantig durch alle Lagen absteppen. Die Besatzecken innen am Reißverschluss mit der Hand eingeschlagen annähen. Die Kragenecken hinten mit einem unsichtbaren Stich auf das Rückenteil nähen.

9 Seitenkanten von Vorder- und Rückenteil versäubern und rechts auf rechts steppen. Nahtzugaben auseinanderbügeln. Saumkante versäubern, nach links bügeln und ansteppen.

Perfekt für heiße Tage!

Modell 12 – Trägerkleid

Größe 34/36, 38/40, 42/44, 46/48 | **Schwierigkeitsgrad** ✂✂ | **Seitenlänge Rock** 69 cm

MATERIAL

- Leinen/Baumwoll-Mischgewebe orange gemustert (150 cm breit), 1,45/ 1,55/ 1,65/ 1,75 m
- aufbügelbare Einlage (90 cm breit), 0,40 m
- Knöpfe, 20 mm Ø, 10 Stück
- Verschluss-Schnallen, 1,5 cm breit, 2 Stück

Schnittteile 9 – 12
auf Bogen D in Schwarz

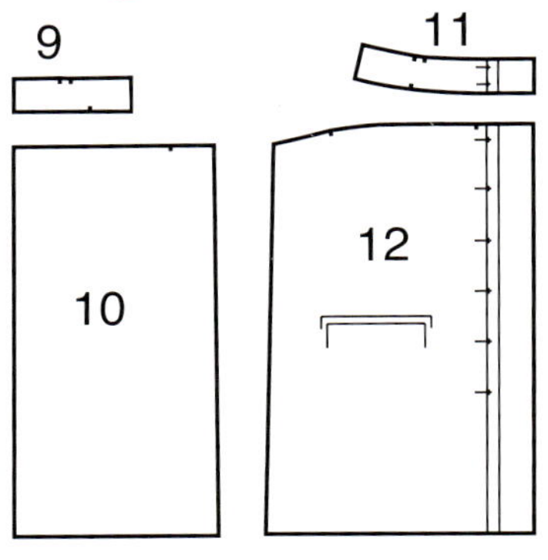

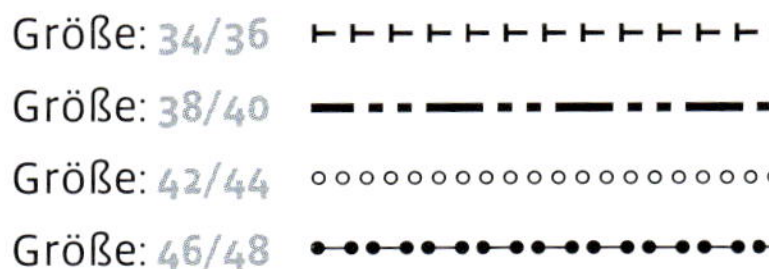

Zuschnitt

- 9 rückw. Blende = 2 x im Stoffbruch, 1 x Einlage
- 10 rückw. Rockteil = 1 x im Stoffbruch
- 11 vord. Blende = 4 x Stoff, 2 x Einlage
- 12 vord. Rockteil = 2 x Stoff
- a Tasche = 2 x im Stoff, 20,5 cm lang, 17 cm breit
- b Taschenklappe = 2 x Stoff, 17,5 cm lang, 11 cm breit (5,5 cm fertig), 2 x Einlage in halber Breite
- c Träger = 2 x Stoff, 39/ 42/ 45/ 48 cm lang, 3 cm breit (1,5 cm fertig)

Achtung: Bei diesem Stoff die Teile quer zum Fadenlauf schneiden!

Saum mit 2 cm Nahtzugabe zuschneiden, an der oberen Taschenkante 3 cm als Besatz zugeben, an allen übrigen Kanten 1 cm Nahtzugabe hinzufügen.

Zuschneideplan

Gr. 34/36 – 46/48

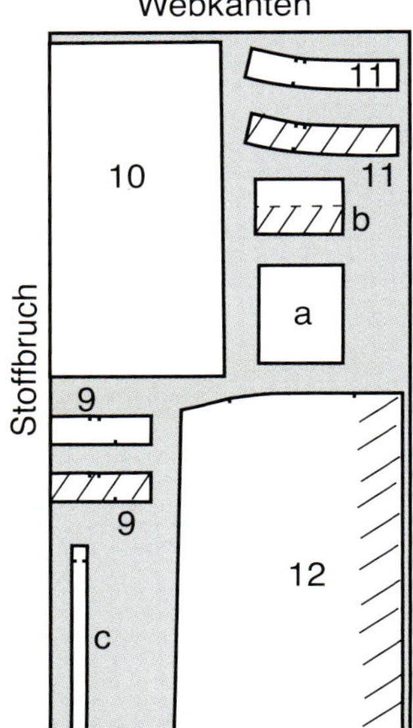

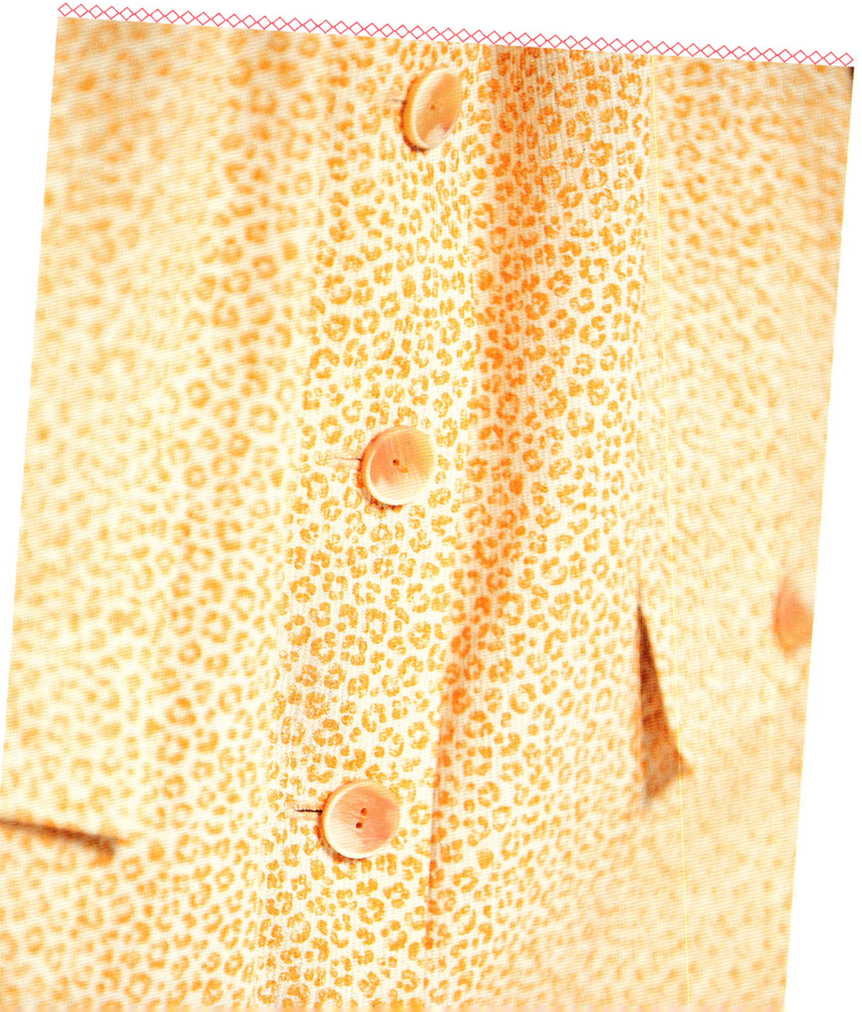

SO GEHT'S

1 Taschen: Den angeschnittenen Besatz nach links bügeln, zur Hälfte einschlagen und knappkantig feststeppen. Die offenen Taschenkanten 1 cm nach links bügeln. Taschen zeichengemäß knappkantig auf das vord. Rockteil steppen. Die Klappenteile jeweils an den langen Kanten rechts auf rechts legen und die kurzen Kanten steppen. Nahtzugaben knapp verschneiden, Klappe auf rechts wenden. Die verstürzten Kanten bügeln und knappkantig absteppen. Klappe zeichengemäß oberhalb der Tasche auflegen – die Bruchkante der Klappe zeigt zur Rockoberkante – und aufsteppen. Nahtzugaben knapp abschneiden, Klappe nach unten bügeln und die Ansatznaht 0,5 cm breit absteppen – dabei wird die Nahtzugabe eingeschlossen.

2 An den Besätzen der vord. Rockteile jeweils einen Streifen Einlage auf die linke Stoffseite bügeln. Vord. Schnittkanten versäubern. Besätze nach links bügeln und die obere Kante auf der Nahtzugabe ansteppen. Die oberen Kanten der Rockteile zeichengemäß einkräuseln. Dazu mit einem großen Stich auf der Nahtlinie steppen, dann 0,5 cm daneben noch einmal steppen. An beiden Unterfäden gleichmäßig ziehen und so den Stoff auf die Weite der Blende einkräuseln. Das rückw. Rockteil genauso einkräuseln.

3 Die Trägerstreifen jeweils an den langen Kanten rechts auf rechts zur Hälfte legen und steppen. Streifen auf rechts wenden und flach bügeln. Von jedem Träger ein 4 cm langes Stück abschneiden. Je ein Streifen-Stück an einer Verschluss-Schnalle in eine Öse einschlaufen, dann die Schlaufen zeichengemäß rechts auf rechts auf die mit Einlage verstärkten vord. Blenden stecken – der Verschluss liegt auf der Blende. An der mit Einlage verstärkten rückw. Blende die Träger zeichengemäß rechts auf rechts ansteppen, dabei die Träger nach unten gerichtet legen.

4 Die mit Einlage verstärkten vord. und rückw. Blenden jeweils rechts auf rechts an die Vorderteile und das Rückenteil steppen. Die Nahtzugaben in die Blenden bügeln. Die verbliebenen Blenden rechts auf rechts an die oberen Kanten der angenähten Blenden steppen, dabei die Träger und Verschluss-Schlaufen mitfassen und auch die vord. Kanten steppen. Die Nahtzugaben knapp verschneiden, vorn die Ecken schräg abschneiden. Blenden auf rechts wenden. Die obere Kante und die vorderen Kanten bügeln.

5 Die Rock-Seitennähte und Blenden-Seitennähte in einem Arbeitsgang rechts auf rechts steppen, dabei die Blenden wieder hochklappen und darauf achten, dass die Blendennähte exakt aufeinandertreffen. Nahtkanten jeweils zusammengefasst versäubern und nach hinten gerichtet bügeln. Die oberen Blendenkanten an den Seiten nachbügeln und innen eingeschlagen mit der Hand annähen.

6 Den Saum und die unteren Kanten der Besätze 1 cm nach links bügeln, nochmals 1 cm einschlagen und ansteppen. Besätze wieder einschlagen und die vord. Kanten nachbügeln.

7 Knopflöcher laut Schnittmarkierungen an der rechten vord. Blende und am rechten Vorderteil einarbeiten. Knöpfe annähen.

8 Die offenen Trägerenden in die freien Ösen der Verschluss-Schnallen einschlaufen und provisorisch feststecken. Das Kleid anprobieren und die exakte Trägerlänge festlegen. Den Träger zuzüglich 2 cm Nahtzugabe kürzen, das Ende einschlagen und auf der Rückseite auf den Träger nähen.

... super schnell genäht!

Modell 13 – Cargohose

Größe 34/36, 38/40, 42/44, 46/48 | **Schwierigkeitsgrad** ✂✂ | **Seitenlänge ab Bund** 89,5/ 90,5/ 91,5/ 92,5 cm

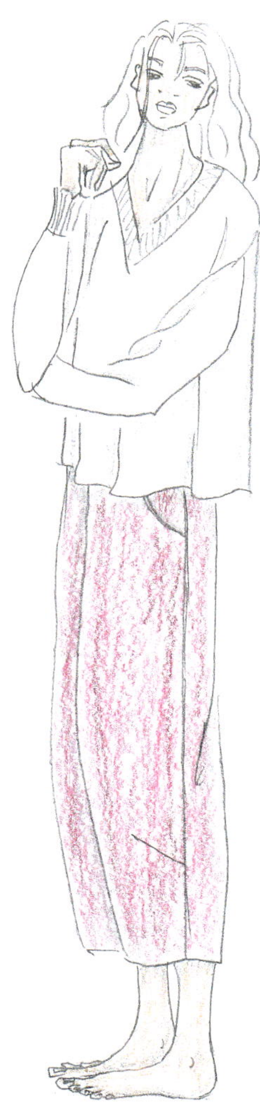

MATERIAL

- Reines Leinen pink (140 cm breit), 1,40/ 1,50/ 1,85/ 2,00 m
- Gummiband, 2,5 cm breit in Taillenlänge
- aufbügelbare Einlage, ca. 25 x 4 cm

Schnittteile 1 + 1a, 2 + 2a, 3 auf Bogen C in Schwarz

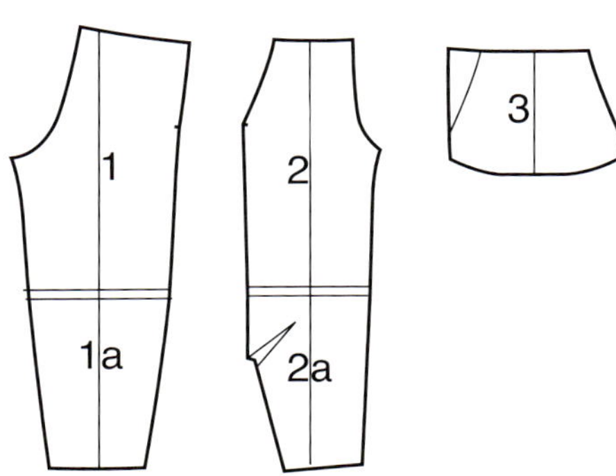

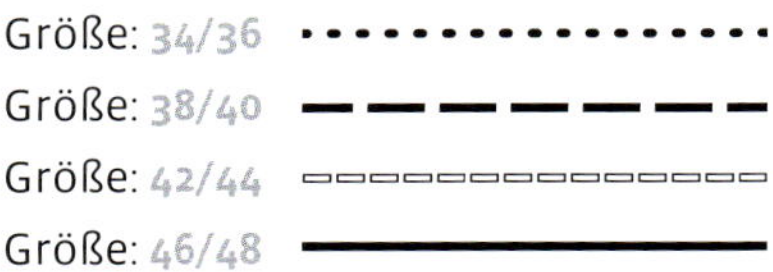

Schnittvorbereitung

Die Schnittteil 1 + 1a, sowie 2 + 2a an den entsprechenden Zusammensetzlinien aneinanderkleben.

Zuschnitt

- 1 rückw. Hosenteil = 2 x Stoff
- 2 vord. Hosenteil = 2 x Stoff
- 3 Hüftpasse mit Taschenbeutel = 2 x Stoff
- a Bund = 1 x Stoff, 90/ 98/ 107/ 120,5 cm lang, 6 cm breit (3 cm fertig)

Für die Säume 2,5 cm zugeben, an allen übrigen Kanten 1 cm Nahtzugabe hinzufügen.

Zuschneidepläne

Gr. 34/36 + 38/40

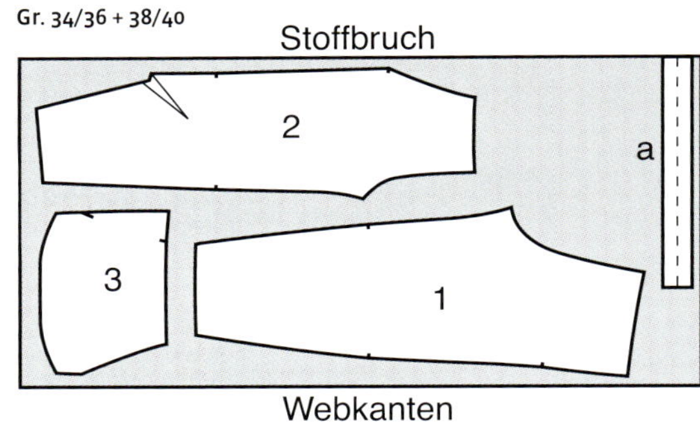

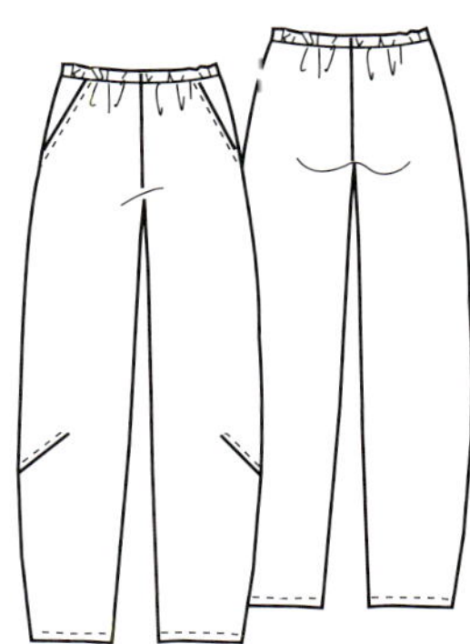

Gr. 42/44 + 46/48

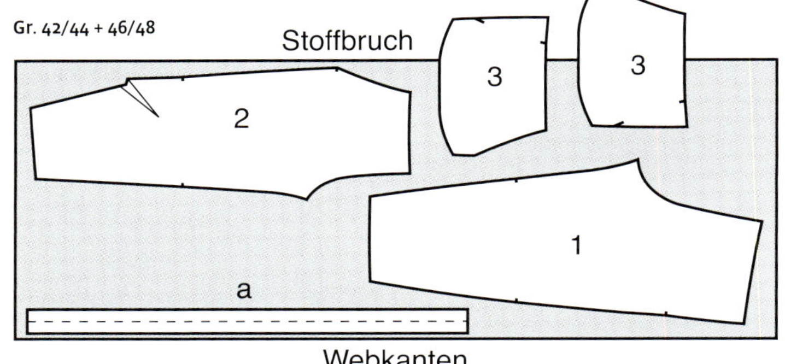

SO GEHT'S

1 Taschen: Am Vorderteil einen 2 cm breiten Einlagestreifen auf die Unterseite des Tascheneingriffs bügeln. Das Hüftpassenteil mit Taschenbeutel rechts auf rechts auf den Tascheneingriff legen und die Naht steppen. Nahtzugaben zurückschneiden und auf dem Taschenbeutel knappkantig absteppen – die Nahtzugaben liegen darunter. Taschenbeutel nach innen legen, die Kante bügeln und 0,5 cm breit absteppen. An der Umbruchkante das Hüftpassenteil rechts auf rechts bügeln – es bildet sich der Taschenbeutel. Die unteren Kanten des Taschenbeutels aufeinandersteppen und die Nahtkanten versäubern. Den Taschenbeutel an der Seitennaht und oben in der Taille ansteppen.

2 Die Schrittkanten der vord. und rückw. Hosenteile jeweils versäubern. An den vord. Hosenteilen die Beinabnäher spitz auslaufend steppen, nach oben bügeln und von rechts knappkantig absteppen. Je ein vord. und ein rückw. Hosenteil rechts auf rechts aufeinanderlegen und die Seitennähte steppen. Nahtkanten jeweils zusammengefasst versäubern und nach hinten gerichtet bügeln. Naht von rechts knappkantig absteppen.

3 Saumkanten versäubern und nach links bügeln. Die Nahtkanten der inneren Hosenbeine versäubern, rechts auf rechts steppen, dabei die Säume wieder nach außen klappen. Nahtzugaben jeweils auseinanderbügeln, die Säume knapp einschlagen und ansteppen. Das eine Hosenbein rechts auf rechts in das andere stecken und die rückw. und vord. Schrittnaht in einem Arbeitsgang steppen. Nahtzugaben auseinanderbügeln.

4 Den Bundstreifen an einer Längskante versäubern, an den Schmalkanten rechts auf rechts legen und zu einem Rund steppen. Nahtzugaben auseinanderbügeln. Bundring längskantig auf halbe Breite umbügeln. Bund wieder auffalten und mit der unversäuberten Kante rechts auf rechts an die obere Hosenkante steppen, Nahtzugaben in den Bund bügeln. Bund wieder einfalten und die versäuberte Bundkante auf der Hoseninnenseite feststecken – am besten von außen anstecken. Nun im Nahtschatten der Ansatznaht von rechts durchsteppen, dabei ein Stück der Naht zum Einziehen des Gummibandes offen lassen.

5 Das Gummiband auf Taillenweite abschneiden und mit einer Sicherheitsnadel in den Bund ziehen. Gummibandenden aufeinandersteppen. Das noch offene Stück der Bundnaht zunähen.

Genau mein Stil!

Modell 14 – Latzrock

Größe 34/36, 38/40, 42/44, 46/48 | **Schwierigkeitsgrad** ✂ | **Rocklänge ab Taille** 70 cm

MATERIAL

- Leinen/Baumwoll-Mischgewebe grau (146 cm breit), 1,80/ 1,80/ 1,85/ 1,85 m
- Gummiband, 3 cm breit, 0,50 m
- Elastic-Nähfaden 0,5 mm Ø, 0,30 m
- Druckknöpfe, 3 cm Ø, 2 Stück

Schnittteile 18 + 19 auf Bogen B in Schwarz

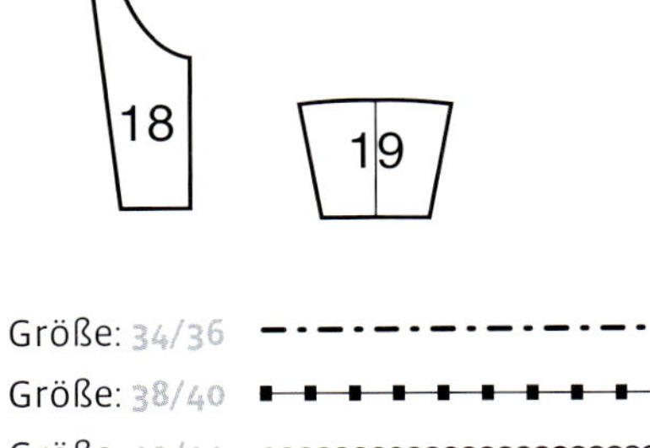

Zuschnitt

- 18 vord. Latz = 2 x im Stoffbruch
- 19 Tasche = 2 x Stoff
- a Rockteil = 2x Stoff, 78/ 80/ 82/ 84 cm breit, 70 cm lang
- b vord. Bund = 2 x Stoff, 35/ 39/ 43/ 47 cm lang, 4 cm breit
- c rückw. Bund = 1 x Stoff, 54/ 58/ 62/ 66 cm lang, 8 cm breit (4 cm fertig)
- d Träger = 2 x Stoff, 60 cm lang, 8 cm breit (4 cm fertig)
- e Blasebalg-Streifen für Tasche = 2 x Stoff, 55 cm lang, 2,5 cm breit

Saum mit 3 cm Zugabe zuschneiden, an allen übrigen Kanten 1 cm Nahtzugabe hinzufügen.

Zuschneideplan

Gr. 34/36 – 46/48

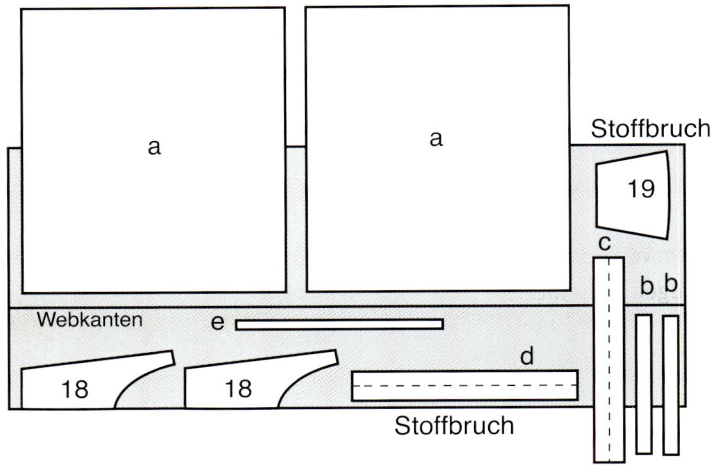

SO GEHT'S

1 Latz und Träger: Die Trägerstreifen jeweils längskantig rechts auf rechts legen, die Längskante und eine kurze Kante steppen, dabei hier eine Spitze nähen. Die Nahtzugaben knapp verschneiden und an den Ecken schräg abschneiden. Träger auf rechts wenden, das geht sehr gut mit dem Wendeset von Prym. Die Träger flach bügeln und mit der offenen kurzen Kante rechts auf rechts auf einem Latzteil an die Schulterkanten stecken. Das andere Latzteil rechts auf rechts obenauf legen und an den Seiten, dem Halsausschnitt und den Schultern steppen, dabei die Träger mitfassen. Nahtzugaben knapp verschneiden und den Latz auf rechts wenden. Die verstürzten Kanten bügeln und 1,5 cm breit absteppen.

2 Taschen: Obere Taschenkante zweimal knapp sehr nach links einschlagen und die Kante steppen. Tasche an den Seiten und der unten Kante versäubern. Am Blasebalg-Streifen die Längskanten versäubern, dann eine lange Kante 1 cm nach links bügeln. Blasebalg-Streifen mit der offenen langen Kante rechts auf rechts an eine Seite der Tasche legen – kurze Streifenkante und obere Taschenkante liegen deckungsgleich. Den Streifen bis zur ersten Ecke annähen, hier verriegeln, die Nahtzugabe des Streifens bis kurz vor die Naht einschneiden, den Streifen aufdrehen und weiter bis zur nächsten Ecke steppen, auch wieder einschneiden und bis zur oberen Kante steppen. Die Kanten links auf links flach bügeln. Den Elastic-Faden mit der Hand auf eine Maschinenspule wickeln und die obere Taschenkante 1 cm breit von rechts absteppen – das Gummi

kräuselt automatisch die obere Taschenkante. Tasche auf den Rock legen – 10 cm vom oberen Rand und 19 cm von der vord. Mitte – die Kanten des Blasebalg-Streifens feststecken und knappkantig aufsteppen. An der oberen Taschenkante den Blasebalg-Streifen in die Tasche zeigend zur Falte legen – Taschenkante trifft auf die Streifenansatzkante – und knappkantig von oben nach unten 2 cm feststeppen. Zum Schluss an den unteren Ecken schräg steppen.

3 Bund: Ein vord. Bundteil, mittig rechts auf rechts an das Latzteil steppen. Das andere vord. Bundteil innen rechts auf rechts ansteppen und fortlaufend den Rest der vord. Bundteile an der oberen Kante gleich mit zusammensteppen. Das vord. Bundteil auffalten, das rückw. Bundteil an den kurzen Kanten rechts auf rechts deckungsgleich darauf legen und ansteppen. Nahtzugabe auseinanderbügeln und den oberen Bruch/Nahtbruch einbügeln.

4 Die Rockteile rechts auf rechts legen und die Seiten steppen. Den Saum einbügeln, die Schnittkante 1 cm nach innen schlagen und ansteppen.

5 Die obere Rockkante einkräuseln. Dazu auf der Nahtlinie mit einem großen Steppstich steppen. Dann auf der Nahtzugabe 0,5 cm daneben noch einmal steppen. An beiden Unterfäden gleichzeitig ziehen und auf Bundweite raffen.

6 Bund auffalten und mit einer langen Kante rechts auf rechts an den Rock stecken – die Seitennähte müssen aufeinandertreffen – und ansteppen. Nahtzugaben in den Bund bügeln. Die innere Bundkante versäubern und vorerst nur hinten ansteppen. Dazu den Bund anstecken und von außen auf dem Bund knappkantig durchsteppen. Das Gummiband am rückw. Bund von einer Seitennaht bis zur anderen Seitennaht durchziehen. An einer Seitennaht senkrecht durchsteppen und das Gummiband anziehen, bis die Taillenweite erreicht ist. An der anderen Seitennaht ebenfalls senkrecht durchsteppen. Nun den vorderen Bund von außen knappkantig ansteppen.

7 Den Rock anprobieren, die Träger hinten über Kreuz legen und feststecken. Die Taillenhöhe an den Trägern markieren, da hier die Drucker angenäht werden. Die Träger am Kreuzpunkt aufeinandersteppen. Die Oberdrucker an den Träger und die Unterdrucker an den Bund nähen. Das letzte Stück des Trägers bleibt lose hängen.

Großstadt-Jungle

Modell 15 – Maxirock mit Bindeband

Größe 34/36, 38/40, 42/44, 46/48 | **Schwierigkeitsgrad** ✂ | **Rocklänge ab Taille** 81 cm

MATERIAL

- Leinen/Baumwoll-Mischgewebe bedruckt (140 cm breit), 1,60/ 1,60/ 1,60/ 1,90 m
- Reißverschluss, nahtverdeckt, 22 cm lang

Schnittteile 7 + 8 auf Bogen A in Schwarz

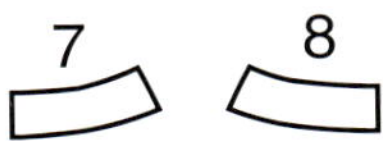

Größe: 34/36

Größe: 38/40

Größe: 42/44

Größe: 46/48

Zuschnitt

- 7 rückw. Formbund = 4 x Stoff
- 8 vord. Formbund = 2 x im Stoffbruch
- a vord. Rockteil = 1 x im Stoffbruch, 36,75/ 37,75/ 38,75/ 39,75 cm cm breit, 84 cm lang
- b rückw. Rockteil = 2 x Stoff, 36,75/ 37,75/ 38,75/ 39,75 cm breit, 84 cm lang
- c Bindeband = 2 x Stoff, 8 cm breit (4 cm fertig), 75 cm lang

Für den Saum 3 cm zugeben, die rückw. mittlere Rockkante mit 1,5 cm Nahtzugabe zuschneiden, an allen übrigen Kanten 1 cm Nahtzugabe hinzufügen.

Zuschneidepläne

Gr. 34/36 – 42/44

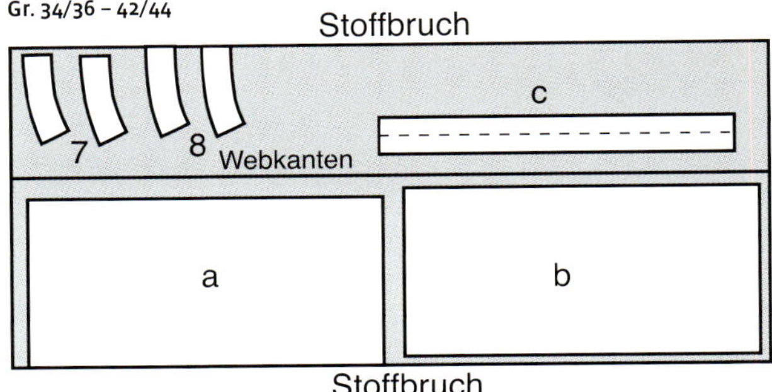

Gr. 46/48

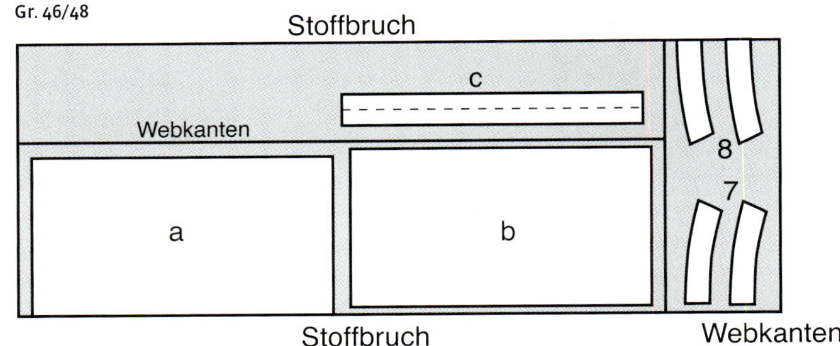

SO GEHT'S

1 Die rückw. Rockteile rechts auf rechts legen und für die Reißverschluss-Öffnung an der rückw. Mitte von oben 15 cm abmessen. Die rückw. Mittelnaht bis zur RV-Markierung steppen. Nahtzugaben einzeln versäubern.

2 Bindeband: Die Streifen c jeweils längskantig rechts auf rechts legen und steppen. An einem Ende 2 cm schräg abnähen. Das andere Ende bleibt offen. Den Streifen auf rechts wenden. Das geht sehr gut mit dem Wendeset von Prym. Die Bänder glatt bügeln und mit der offenen Kante jeweils von rechts mittig auf die Seitennaht eines vord. Bundteiles stecken.

3 Zwei rückw. Bundteile rechts auf rechts auf das vord. Bundteil legen und die Seitennähte steppen, dabei die Bindebänder mitfassen. Die Nahtzugaben jeweils auseinanderbügeln. Mit den verbliebenen Bundteilen einen zweiten Bund – ohne Bindebänder – genauso nähen. Die fertigen Bundteile rechts auf rechts legen und die obere Kante steppen. Die Bundteile links auf links wenden und die obere Kante sauber im Nahtbruch flach bügeln.

4 Die Rockteile an den seitlichen Kanten versäubern. Die rückw. Rockteile rechts auf rechts auf das vord. Rockteil legen, Seiten steppen und die Nahtzugaben auseinanderbügeln. Die obere Rockkante auf Bundweite einkräuseln. Dafür einmal mit einem großen Steppstich auf der Nahtlinie steppen und 0,5 cm daneben auf der Nahtzugabe noch einmal steppen. An beiden Unterfäden gleichzeitig ziehen und so die Kante auf die Bundweite einkräuseln.

5 Bund auffalten und mit einer langen Kante rechts auf rechts an das Rockteil steppen. Nahtzugaben in den Bund bügeln.

6 **Reißverschluss:** Am Rückenteil den Reißverschluss 20 cm lang bis zur Bundoberkante mit einem Spezialsteppfuß einarbeiten. Das restliche Stück Naht schließen und die Naht auseinanderbügeln. Bund wieder links auf links legen, die Nahtzugabe der inneren Bundkanten nach links bügeln. Am Reißverschluss den Bund eingeschlagen mit der Hand annähen, die lange Bundkante anstecken (am besten von außen). Von rechts knappkantig neben der Bundansatznaht steppen, dabei die innere Bundkante mitfassen. Die obere Bundkante ebenfalls knappkantig absteppen.

7 Den Saum nach links bügeln, 1 cm einschlagen und ansteppen.

8 Das Bindeband in der Taille vorn oder hinten verknoten.

IMPRESSUM

Autorin: Mia Führer
Fotografie: Florian Bilger Fotodesign
Technische Zeichnungen: Mia Führer
Redaktion und Produktmanagement: Theresa Peter
Lektorat: A. Reuß
Layout: Elke Mader
Umschlaggestaltung: Leeloo Molnár
Repro: LUDWIG:media, Zell am See
Herstellung: Bettina Schippel, Stephanie Schlemmer
Printed in Italy by Printer Trento

★★★★★

Sind Sie mit diesem Titel zufrieden? Dann würden wir uns über Ihre Weiterempfehlung freuen. Erzählen Sie es im Freundeskreis, berichten Sie Ihrem Buchhändler oder bewerten Sie beim Onlinekauf. Und wenn Sie Kritik, Korrekturen oder Aktualisierungen haben, freuen wir uns über Ihre Nachricht an Christophorus Verlag, Postfach 40 02 09, D-80702 München oder per E-Mail an lektorat@verlagshaus.de.

Unser komplettes Programm finden Sie unter

In diesem Buch wird aus Gründen der besseren Lesbarkeit das generische Maskulinum verwendet. Weibliche und anderweitige Geschlechteridentitäten werden dabei ausdrücklich mitgemeint, soweit es für die Aussage erforderlich ist.

Hersteller

HILCO Textil GmbH, www.hilco-shop.de

Modell 1	Art. Nr. K 8322/1
Modell 3	Art. Nr. K 8320/1
Modell 4	Art. Nr. K 8200/102
Modell 5	Art. Nr. A 1311/2
Modell 6	Art. Nr. K 8200/60
Modell 7	Art. Nr. B 1302/3
Modell 9	Art. Nr. K 8200/81
Modell 10	Art. Nr. K 8200/39
Modell 12	Art. Nr. A 1311/4
Modell 13	Art. Nr. B 1302/45
Modell 15	Art. Nr. K 8319/80

Hemmers Itex (Textil Import Export GmbH), www.textilhemmers.de

Modell 8	Art. 129.444 Fb. 5028
Modell 11	Art. 130.753 Fb. 0802
Modell 14	Art. Nr. 130.753 Fb. 0801

Stoff und Stil Deutschland GmbH, www.stoffundstil.de

Modell 2	Art. Nr. 852311

Prym Consumer Europe GmbH, prym.com

Dank

Mia Führer und der Verlag danken den Firmen Hilco, Hemmers Itex, Stoff & Stil und Prym für die freundliche Unterstützung mit Stoffen, Kurzwaren und Nähzubehör!

Die Deutsche Nationalbibliothek verzeichnet diese Publikation in der Deutschen Nationalbibliografie; detaillierte bibliografische Daten sind im Internet über http://dnb.d-nb.de abrufbar.

ISBN 978-3-8410-6579-7

Kreativ-Service

Sie haben Fragen zu den Büchern und Materialien? Frau Erika Noll ist für Sie da und berät Sie rund um alle Kreativthemen. Rufen Sie an! Wir interessieren uns auch für Ihre eigenen Ideen und Anregungen. Sie erreichen Frau Noll per E-Mail: **mail@kreativ-service.info** oder Tel.: **+49 (0) 5052 / 91 18 58**

Besuchen Sie uns im Internet: www.christophorus-verlag.de

Ebenfalls erhältlich ...

ISBN 978-3-8410-6531-5

ISBN 978-3-8410-6465-3

ISBN 978-3-8410-6474-5

ISBN 978-3-8410-6440-0

www.christophorus-verlag.de